결국 해내는 아이들이 지키는 8가지 태도

정서 지능이 높은 아이는 흔들리지 않는다

결국 해내는 아이들이 지키는 8가지 태도

정서 지능이 높은 아이는 흔들리지 않는다

박경미 지음

빌리버튼
billy button

"안녕하십니까. 경찰관 도움이 필요하면 언제든 연락주십시오!"

나는 '두 아이의 엄마'이자 '경찰'이라는 나름 특수한 직업을 갖고 있다. 엄마 역할 13년 차, 경찰 업무는 16년 차다. 지난 16년간 경찰 업무를 수행하며 다양한 환경과 상황에 처한 가정 사건들을 접했다. 겉으론 제복을 입은 경찰관이지만 마음속으론 평범한 엄마의 눈으로 각각의 상황에 대입해 '만약 내 아이라면 어떻게 키워야 할까'라고 고민하기도 했다.

대부분의 사람들은 가정 형편이 어려운 아이들이 제대로 자라지 못할 거라고 생각한다. 평범하게 크지 못하고 나쁜 길로 빠질 확률이 높다고 말이다. 그런데 막상 현장에서 겪어보니 그렇지도 않았다. 업무상 가정과 관련된 112신고를 받으면, 직접 가정을 방문해서 추가 피해 가능성이 없는지 면밀히 살펴봐야 할 때가 있다.

"누구세요?" 방문 가정의 현관문을 열 때마다 햇살처럼 반짝이는 눈빛을 가진 아이들이 맞아주었다. 반지하의 어둠 따위에도 아랑곳하지 않는 아이들, 부모와의 갈등이 있어도 대부분 무난한 삶을 살아가고 있었다.

오히려 남부러울 게 하나도 없어 보이는 부유한 가정이 의외의 모습을 하고 있었다. 몇십억은 우습게 넘는 아파트에 살며 의사, 변호사, 사업가 등 전문직에 종사하는 부모를 둔 아이들. 이러한 아이들이 어긋나 탈선의 길로 들어서는 모습을 다수 목격했다. 분명 현장에서 만난 부모들은 나보다 훨씬 지적이고 현명해 보였다. 그들 대부분은 품위가 넘치고 당당했다. 그러나 멋진 부모의 자녀들은 행복해 보이지 않았다. 부모와의 관계가 손쓸 수 없는 지경으로 치달은 경우도 많았다. 다른 지역보다 '강남'이라는 기대감에도 불구하고 때론 부유한 가정이 더욱 살벌하고 위태로워 보였다.

그러다 문득 궁금해졌다. 내 근무 지역이 경기도 분당, 서울 강남구라 더욱 그랬던 것일까?

현장에서 만난, 누구보다 잘살고 잘 배운 부모들도 알지 못했던 인생의 행복은 어디서 얻어야 할까?

그 이유를 치열히 고민한 결과, 바로 '인성교육' 부재에 답이 있음을 깨달았다.

아이를 키우며 확실히 배운 게 하나 있다. 잘 모를 땐 무조건 그 길을 먼저 간 사람의 발자취를 따라가라는 것이다. 인성교육은 단지 좋은 성격을 만들고, 친구들과 폭넓게 사귈 수 있는 단순한 가르침이 아니었다. 아이 인생의 다양한 영역에 가장 핵심적인 영향을 끼치는 것이 인성교육임을 깨달았다. 그 후 본격적으로 다양한 육아서, 인성교육 도서, 고전을 읽고 필사하며 고군분투했다.

그리고 아이에게 인성교육을 시작했다. 아이와 함께 들른 '굿윌스토어' 강남세움점 구석에 있던 단돈 1,000원짜리 《명심보감》이 그 시작이었다. '마음을 밝혀주는 보배로운 거울'이란 뜻의 명심보감. 아이와 읽고 필사하며 가정 내에서 적극적인 인성교육을 행했다. 공교롭게도 육아휴직 후

복귀하여 여성청소년과에서 가정폭력·아동학대 전담 업무를 하게 되었다. 이때 특히 이론과 현실 간의 차이를 느끼고, 실질적인 도움이 될 교육에 대해 누구보다 깊이 고민하게 되었다.

우리 세대는 어릴 때 인성교육을 딱히 배운 경험이 없다. 시중에도 나처럼 인성교육을 전혀 못 받은 시민들을 상대하는 직업을 가지며, 한 아이에게 인성교육을 매일 행하는 저자가 쓴 '살아 숨 쉬는 생생한 인성교육서'는 찾아볼 수 없었다. 그간 지구대 및 파출소 지역경찰 5년, 교통관리계 3년, 여성청소년계 3년 등 다양한 경찰 업무에서 인성교육 부재의 현장을 접하며 아쉬웠던 순간이 많았다.

그중 기억나는 사건들이 몇 가지 있다. 고등학생 아이가 문을 부수고 엄마를 위협한다는 신고가 들어와 확인차 가정으로 찾아갔다. 갈등의 주원인은 역시나 공부였다. 아이는 일류대 합격이라는 목표만 바라보며 초등학교 때부터 오랜 시간 엄마와 공부했다. 그러나 놀랍게도 아이가 '엄마' 대신 '저 여자'라는 표현을 쓸 정도로 관계가 무너져 있었다. 그 와중에도 부모와 아이가 주장하는 내용은 같았다. 일류대만 입학하면 서로 함께 살지 않겠다는 것이다.

현장에서 지켜보면 부모마저 생각이 한쪽으로 치우쳐 있는 불균형한 가정들이 많았다. 그래서 오로지 가정에만 의존하기보다는 공교육에서도 '주기적인 인성교육'을 시행해야 한다고 생각했다.

또 다른 사건이 기억난다. 아빠는 전문직 종사자, 엄마는 전업주부로 외동딸을 키웠다. 엄마는 아이를 전담 케어하며 학원 픽업을 챙겼다. 아이는 학교에서는 모범생이었으나 가정에서는 달랐다. 엄마에게 잡다한 심부름을 시키는 일을 당연히 여겼다. 아이는 부모의 행동이 마음에 들지 않으면 화부터 내고 대화를 거부했다. 언젠가는 엄마가 픽업 시간에 늦자 말없이 사라져 경찰에 신고한 적도 있었다. '스스로 할 수 있는 것마저 부모가 해주니 이런 사례가 생기는구나' 싶었다. 일찍이 가정에서 공부만큼 인성교육부터 제대로 했더라면 이러한 갈등은 없지 않았을까?

나는 이렇게 직접 피부로 느낀 현장에서의 아쉬움과 더불어, 내 아이들을 모델 삼아 행한 인성교육의 상세한 팁들을 이 책에 전부 담아내고자 했다. 특히 가정 내에서 인성교육의 핵심이자 교육 담당 주체가 될 부모 혹은 주 양육자가 실천하면 좋은 방법, 경험담, 학습법, 꿀팁 등을 실었다. 형식적인 교육보다 생활 속에서 이루어지는 인성교육을 따라 하면 분명 도움이 되리라 믿는다.

엄마로서 아이를 키우다 보니 알게 된 사실이 또 하나 있다. 일찍 그리고 지속적으로 배운 것일수록 아이와 하나가 된다. 어릴 적부터 축구를 배워놓으면 언제든 가벼운 공 하나로 낯선 친구들과 어울릴 수 있다. 수영을 배우면 강이나 바다를 가리지 않고 뛰어들어 즐길 줄 안다.

내 아이를 '제대로' 아끼고 사랑하려면 아이에게 좋은 인성을 일찍이 물려주는 것이 우선이다. 아직 늦지 않았다. 아이 교육에 '너무 늦은 때'란 없다. 무엇보다도 먼저 내 아이를 믿어야 한다. 그리고 아이의 행복과 빛나는 미래를 위해 지금 이 순간부터 '인성교육'을 영어, 수학보다 더 중요하게 다루며 서서히 진행해 나가자. 지금이 인성과 아이가 한 몸이 될 수 있는 적기이다.

우리 아이들은 한 사람, 한 사람 모두 특별한 존재이다. 이러한 아이들이 인성교육을 통해 세상 속으로 나가 자신의 존재 가치를 알고 결국엔 행복해지기를, 아울러 양육자와 더없이 가까워지기를 진심으로 기원한다.

차례

1장

영어, 수학보다 인성교육이 먼저다

2장

✦

평생 삶의
무기가 되는 인성 덕목

3장

아이의 시선 끝에는
언제나 부모가 있다

4장

사람을 귀하게 여기는 아이로 키우기

5장

금수저 대신
인성수저를 물려준다면

에필로그

영어, 수학보다
인성교육이 먼저다

아이의 그릇을 키우는 인성교육의 힘

✦

훈련이 전부다. 복숭아도 한때는 쓴 씨앗이었고,
꽃배추도 대학교육을 받은 양배추에 불과하다.

- 마크 트웨인Mark Twain

"저 사람 지금 뭐하는 거야?"

야간 교대근무를 할 때의 일이다. 내가 근무하던 파출소
는 앞에 폭이 좁은 이면도로가 있고, 반대편은 상가가 형
성되어 있는 곳이었다. 금요일 밤, 유동인구가 꽤 많은 길
거리에서 한 남자의 모습이 눈에 들어왔다. 그는 우리 쪽
을 한번 휙 쳐다보더니 고개를 돌린 후 홀러덩 바지춤을
내렸다. 남자가 서 있던 상가 담벼락 색깔이 점점 진해지
다가 바닥으로 주르륵 흐르는 물줄기가 선명하게 보였다.
기가 막혔다. 경찰관 3명이 바로 길 건너에서 보고 있었고,

지나가는 사람들도 많았다. 그러나 남자는 주변 상황을 아랑곳하지 않고 당당히 자신만의 볼일을 해결했다. 바지를 내리는 태도가 하도 당당해서 노상방뇨로 처리할지, 공연음란으로 처리할지 고민이 될 정도였다. 옆에 있던 동료는 당장 달려가 훈계 후 노상방뇨 범칙금을 부과했다. 수치심은 '스스로 부끄럽게 느끼는 마음'이다. 남 앞에서 서슴없이 부끄러운 행동을 하며, 수치심조차 느끼지 못하는 이런 사람들이 과연 자녀가 생겼을 때 제대로 키울 수 있을까?

부모에게 물려받는 인성 그릇

"자, 이제부터 이 플라스틱 용기에 딸기를 따서 담은 만큼 가져가시면 됩니다."

어느 봄날, 우리 가족은 남양주로 딸기 체험을 하러 갔다. 농장 주인은 체험 참가자들에게 손바닥 크기 정도 되는 투명한 플라스틱 용기를 나눠 주었다. 그런데 우리 가족 앞에서 똑 떨어지는 것이 아닌가!

"이런, 플라스틱 용기가 부족하네요. 대신 이 대야를 드릴 테니까 여기에 담아 오세요."

빨간 고무 대야는 한눈에 보아도 다른 가족 참가자들이 받은 플라스틱 용기보다 넓고 깊었다.

"우와, 신난다! 우리 딸기 잔뜩 따자!"

아이들은 고무 대야를 들고 딸기밭으로 후다닥 뛰어갔다. 우리는 양껏 딸기를 따 먹은 후 대야에도 가득 담아 돌아왔다. 집에서 딸기케이크, 딸기청, 딸기잼까지 만들었는데도 남을 정도로 양이 참 많았다.

애초에 크기가 넓고 깊다면 들어갈 수 있는 양도 늘어나게 된다. 옛말에 이르기를, 사람은 자기가 갖고 있는 그릇의 크기만큼 얻을 수 있다고 했다. 아무리 좋은 것이 들어오려 해도 그릇이 가득 차 있으면 더 들어올 수 없다는 말이다. 이왕이면 말랑한 찰흙일 때부터 그릇 크기를 넓히고 깊숙하게 만들어야 나중에 많이 얻을 수 있다. 그릇의 크기에 빗대어 두뇌가 명석해지는 일을 말하려는 게 아니다. 공부머리가 아닌 인성머리를 만드는 출발의 중요성을 강조하는 것이다. 두뇌의 사고가 유연한 유아동기부터 인성교육을 시작한다면 그 효과는 강력해진다.

유아 시절부터 아이는 부모의 손에 이끌려 영어유치원을 다니거나 수학 문제집을 풀어내는 기술을 익힌다. 혹여 아이가 영어 스피치를 하거나 수학시험 점수가 좋으면 부모는 행복감에 사로잡힌다.

"오늘 수학시험 몇 점 맞았어?" 부모는 학교에서 돌아온 아이에게 점수부터 물어본다.

"그럼 너는 몇 등 정도야?" "너희 반에서 누가 제일 시험 잘 봤어?"라는 질문들이 꼬리를 물며 이어진다. 하지만 "애썼다. 시험 준비한다고 힘들었겠다" "시험을 치르고 나니 어떤 마음이 들었어?" "혹시 시험 보고 난 후 속상한 친구는 없었어?"와 같은 질문을 하는 부모는 많지 않다.

아이를 위한 인성교육을 시작하기 전에 먼저 깨달아야 할 점은 무엇일까?

'마트료시카'는 러시아의 전통적인 목재 인형이다. 원통 모양의 마트료시카는 다채로운 색상과 디자인으로 꾸며져 있다. 이 인형이 인기 있는 이유는 숨겨진 인형들 때문이다. 가장 큰 인형을 여는 순간부터 안에서 더 작은 인형이 계속 나온다. 마지막에 나오는 인형은 가장 큰 인형의 초미니 버전이 된다. 인성도 마찬가지다. 마트료시카처럼 결국 부모가 가진 것만큼 아이 그릇의 크기가 정해진다. 부모보다 뛰어난 아이가 나올 수도 있지만 그리 흔한 일은 아니다.

잠시 스스로에게 질문해 보자. '내가 가진 인성의 크기는 얼마나 넓고 깊을까?'

아이의 인성은 부모가 가진 인성 그릇의 크기만큼 커진다. 그러므로 부모도 인성 덕목을 가까이하며 배우고 익혀야 한다. 부모의 기본 프레임이 커질수록 아이도 크게 성장할 수 있다. 무언가를 시작하기 전 그 가치를 명확히 알아야 더 열정적으로 할 수 있는 법이다. 이 책을 통해 인성교육의 가치를 깨닫고 제대로 된 가정 내 인성교육이 이뤄지기를 바란다.

롤러코스터를 안전하게 탑승하는 방법

모든 인간은 태어난 순간부터 보람 있는 인생을 살고 행복하게 죽음을 맞이하길 바란다. 다들 갈수록 살아가기 힘든 세상이라고 말한다. 힘듦을 견디지 못해 가족 동반자

살을 하거나, 묻지 마 칼부림이 발생했다는 뉴스가 심심치 않게 나오는 요즘이다. 죽은 사람의 냄새를 맡아본 적이 있는가? 나는 일하면서 '시체 냄새'를 확실히 알게 되었다. 엘리베이터에서 내려 해당 집 호수를 찾아갈 때부터 시체 특유의 냄새를 맡고 죽음을 예상하곤 한다. 현장에 도착해서는 아이가 자기 팔목을 긋거나 가족을 위협한 피 묻은 칼을 뺏는다. 시체 냄새를 맡고, 피 묻은 칼을 보고 싶은 경찰은 아무도 없다. 그러나 현장에서 일하다 보면 자기 삶을 스스로 마감하거나, 가정이 처참히 붕괴되는 사건들을 자주 목격한다.

누군가 삶은 롤러코스터와 같다고 말했다. 롤러코스터를 타는 동안에는 내 의지와 상관없이 오르막과 내리막을 경험할 수밖에 없다. 그렇다. 아이의 삶은 많은 굴곡이 있을 것이다. 변화무쌍하며 때로는 급격한 상승과 하강이 반복될지도 모른다. 주변에서 인생의 내리막을 마주했던 사람들을 살펴보자. 고통을 회피하기 위해 자위하고 포기하는 사람이 있는가 하면, 자기중심을 잡고 의연하게 직접 받아치는 사람도 있다. 정면 돌파를 택한 후자의 비법은 무엇일까? 이는 바로 가정에서 배운 인성교육에 있다.

일찍이 올바른 인성이 자리 잡힌 사람은 희로애락 앞에 일희일비하지 않는다. 자신의 뜻대로 되지 않음을 받아들일 줄 안다. 우리는 대파를 품듯, 마음속에 인성을 품어야 한다. 대파를 썰다 보면 그 매운 향에 눈물이 줄줄 쏟아진다. 그러나 대파가 없는 국물은 절대 시원한 맛이 나지 않는다. 대파가 있어야 더 맛있는 요리가 완성된다. 인성 역시 마음속에 충분히 품어 두었다면 넘어져도 금방 무릎을 털며 일어날 수 있다. 그렇게 풍미 있고, 속 깊은 어른으로 성장하게 된다.

마흔이 넘어가면서 깨달은 게 하나 있다. 그동안 삶이 생각지도 못한 방향으로 흘러가는 일이 많았다. 하지만 시간이 지나고 나면 다시 원래의 생활로 되돌아왔다. 걱정을 하든 안 하든 방법을 찾았고, 결국은 해결됐다. 상황이 종료된 후 돌아보면 걱정만큼 큰일이 아닌 것이 대부분이었다. 미국의 대표적인 시인 로버트 프로스트Robert Frost는 이렇게 말했다. "언제나 가장 좋은 출구는 그냥 통과하는 것이다."

돌발적인 상황 앞에서 늘 불안한 아이는 평상심을 유지하는 방법을 모른다. 아이의 안정감은 어릴 적부터 단단히 잡아주는 인성교육만이 가능하다. 넓고 깊은 인성 그릇에 앞으로 소개할 인성 덕목을 가득히 넣어주자.

하루 10분, 아주 작은 기적의 시작

인성교육이라고 해서 거창한 게 아니다. 평소 일상에서 옳고 그름을 알려주면 된다. 그리고 부족한 점은 먼저 깨달음을 얻은 사람들이 남긴 책에서 배우는 게 좋다. 방법은 다음과 같다. 시간은 하루 단 10분, 잠자기 전 또는 일어난 직후에 행했다. 올바른 인성을 키우는 데는 '인문고전'만 한 것이 없다고 생각했다. 부모가 직접 고전을 읽어주거나, 아이 혼자 소리 내어 읽어도 좋다. 대신 아이가 소리 내어 읽을 때는 경청하는 모습을 보여준다. 가장 중요한 것은 꾸준함. 띄엄띄엄하지 말고 빠짐없이 해야 한다. 매일 꾸준히 실천하다 보면 그 결과는 생각보다 더 크게 돌아온다.

요즘은 엄마표 학습법으로 영어책을 하루 30분 이상 꾸준히 읽히는 가정도 많다. 그런 노력이 쌓여 원어민 수준의 영어까지 구사하게 되기도 한다. 하지만 안타깝게도 집에서 인성교육을 해준다는 이야기는 아직까지 잘 들어보지 못했다. 돌이켜보면 우리도 어릴 때는 인성교육을 본격적으로 배우지 않았다. 그러나 함께 살던 조부모나 친척 혹은 선생님께 자연스럽게 배운 기억들이 한 번쯤은 있을 것이다. 남편은 이렇게 말했다. "어릴 때 놀러 간 외할머니 댁에서 할머니가 내 젓가락질이 엉망이라고 혼내셨어. 게다가 내가 먹던 밥을 치우시더라. 그때 충격 받아서인지 얼마 지나지 않아 젓가락질이 제대로 됐어."

아이가 태어났을 때 행복하게 살기를 바라는 부모의 마음은 한결같다. 그런데 가까이 들여다보면 처음과 달라진 욕심이 보인다. 부모는 아이가 제대로 성장하길 바라지만 멀리 내다보지는 못한다. 대개 남들 앞에 보이는 가시적인 면에 연연한다. 아이가 1등이 된다면 완성일까? 아니다. 이제는 1등이 계속 유지되길 바란다. 등수보다 친구의 힘듦을 이해하는 아이, 친구와 함께 가고자 하는 아이로 자라길 바라는 부모를 찾기란 쉽지 않다.

결과만 따지는 우리나라에서 아이 스스로 성공하고 실

패하는 경험의 가치, 살아가는 지혜를 얻을 수 있는 인성교육은 뒷전으로 밀려난다. 그렇게 인성교육의 중요성을 간과하며 유아동기, 초등 저학년 시기를 보낸다. 그리고 초등학교를 졸업할 즈음, 생각지도 못한 위기에 맞닥뜨리게 된다. 바로 사춘기다.

어릴 적부터 인성교육을 전혀 받지 못한 아이들은 가치관이 굳건히 정립되지 않은 상태일 수밖에 없다. 아이는 자신이 방황하는 이유를 몰라 괴로워한다. 마음을 다잡아보려고 노력하지만, 또 다른 혼돈 속에 휩쓸리는 악순환을 반복한다. 지금부터라도 아이를 위한 천리안을 갖고 싶다면 인성교육이 그 답을 줄 것이다.

광활한 인성을 기르는
'칭기즈(스) 칸' 전략 3가지

✦

두 팔에 자식을 안고 있는 어머니를 보는 것처럼
매력적인 일은 없다. 그리고 여러 자식에게
둘러싸인 어머니처럼 존귀한 것은 없다.

- 괴테Johann Wolfgang von Goethe

'칭찬'과 '기록'과 '스스로 생각하기'로 넓어지는
아이 인성의 크기

전략 1. 아이에게 칭찬을 퍼부어라

"올바른 행동을 하네. 쉽지 않았을 텐데 양보해 줘서 멋지다."

아이가 예의 있거나 모범적인 행동을 하면 그것 하나만으로도 칭찬을 해준다. 예를 들어, 형이 동생과 심하게 싸웠지만 결국엔 동생에게 장난감을 양보했다면 칭찬해 준

다. 아이의 긍정적 행동에 대해 잽싸게 칭찬 퍼레이드를
벌이는 것이다.

나와 같은 부서에 한 여경 선배가 있었다. 선배는 내가
쓴 간단한 기획서부터 복잡한 성과보고서까지 가리지 않
고 매번 같은 말을 해줬다. "애썼다! 혼자서 하려면 힘들었
을 텐데 실력이 대단하네."

이 말이 몇 년이 지난 지금도 귓가에 맴도는 것을 보면
그 선배의 칭찬과 격려가 나에게 큰 힘이 되었음을 알 수
있다.

잘할 때만 칭찬을 받은 아이는 칭찬을 받지 않으면 공허
함을 느낄 수 있다. 그러나 조건 없는 칭찬을 받은 아이는
'스스로 잘하고 있다'라고 생각한다. 그리고 더 잘하려고
노력한다. 조건을 정하지 않은 칭찬은 '자아 존중감'을 키
워주는 부모의 필살기다.

물론 시도 때도 없이 칭찬하라는 말은 아니다. 잘못된
행동은 반드시 바로잡아야 한다. 단순히 밥을 잘 먹었다
고 칭찬하면 안 된다. 식사 후 주변을 정돈하는 일련의 과
정을 칭찬해 줘야 한다. 이렇게 칭찬을 받은 아이는 처음
의도와 다르게 결과가 좋지 못하고 실수를 한다 해도 다시

일어나 도전한다.

　청찬은 인정의 대가이지, 결과에 대한 대가가 아니다. 결과를 떠나 인정을 받은 아이는 자신이 존중받고 있음을 느낀다. 칭찬을 통해 무한한 인정을 받은 아이는 자신의 존재 가치를 소중히 여기고 충만한 자신감을 가진 사람으로 성장한다.

전략 2. 하루 3줄, 기록을 남겨라

　기록을 위해서는 다음 5단계가 필요하다.

　• 1단계 : 아이와 서점에 가서 한 권의 인성 책을 함께 고른다.

　반드시 아이가 원하는 책을 선택하도록 한다. 아이가 원하는 표지, 두께 등 일절 간섭 없이 아이의 결정에 따른다. 본인의 선택에 의미를 부여하는 순간 애착이 생긴다. 그렇게 순조롭게 인성교육의 기록이 시작된다.

　• 2단계 : 아이와 책의 분량과 목표를 함께 정한다.

　매일 할 수 있는 분량을 정하고 마무리되는 최종 목표

날짜를 달력에 표시한다. 이때도 아이가 할 수 있는 양을 직접 정하게 한다. 처음인 만큼 다소 짧은 글을 골라도 괜찮다. 아이가 원하는 분량으로 진행하자. 지금은 꾸준한 습관 만들기가 목적이다.

• 3단계 : 매일 정해놓은 분량을 읽은 후 아이가 성공 스티커를 붙이게 한다.

배움을 시작할 때 첫 느낌은 정말 중요하다. 유대인은 처음 아이들에게 글자를 가르칠 때 꿀을 바른 손가락으로 써서 배움은 달콤한 것이라고 인식하게 했다고 한다. 인성 교육을 따라오는 아이에게 감사를 느끼고 더 이상 욕심내지 않는다. 일일 분량에 맞게 읽으면 그만이다. 그리고 아이 스스로 목표 양식에 스티커를 붙이게 한다.

• 4단계 : 책 1회독이 끝남과 동시에 포상한다.

"축하해! 그간 열심히 공부한 네가 참 멋지다."

아이가 최종 목표를 달성하면 다양한 포상을 하며 진심으로 격려한다. 대단한 일을 해냈다는 뿌듯함을 아이에게 선사해 준다. 포상은 2명 이상의 자녀가 있을 때 더욱 효과적이다. 서로의 스티커 수를 세어가며 경쟁의식을 느끼기 때문이다. 지지 않으려고 열심히 책을 읽고, 회독도 밀리지 않는다.

- 5단계 : 2회독부터 '기록'을 남긴다.

"네가 제일 마음에 드는 노트를 골라보자."

문방구에서 아이가 좋아하는 캐릭터로 필사 노트를 정한다. 앞서 읽은 책을 하루에 '단 3줄씩'만 쓰게 한다. 고작 3줄이면 너무 짧은데 효과가 있냐고 반문할 것이다. 하루 3줄은 적은 양이지만 매일 쓴 3줄은 1년이면 1,095줄이 된다. 마치 블록처럼 차곡차곡 쌓아놓은 글들은 다음의 '전략 3'을 통해 강력해진다.

전략 3. (즈)스스로 생각하는 시간을 확보하라

이미 대한민국에서 아이들이 공부하는 시간은 많다. 아이에게 생각하는 시간, 즉 아무 생각이나 할 수 있는 고요한 시간을 확보해 줘야 한다. 예전에는 먼 거리를 걸어가는 시간, 버스에 타고 있는 시간 등 멍하니 생각할 수 있는 '짬'이 있었다. 하지만 요즘 아이들은 하교 후에도 다양한 학원 스케줄로 바쁘다. 짧은 이동시간마저 줄이기 위해 차를 타고 빠르게 간다. 엘리베이터를 기다리는 아주 짧은 시간조차 휴대폰 속에 빠져 있기 일쑤다.

요즘 초등학생들은 꿈이 없다는 말을 자주 들어보았을 것이다. 왜 꿈이 없을까? 꿈을 생각해 볼 여유가 없기 때문이다.

앤드류 스마트Andrew Smart가 쓴 《뇌의 배신》에서는 사람이 가장 창의적인 순간은 빈둥거릴 때라고 말한다. 아무것도 하지 않고 한가롭게 쉬는 시간이 중요하다는 의미이다. 릴케와 데카르트를 만든 것도 '멍하니 앉아 있는 시간'이었다며 뇌세포를 쉬게 해주는 일의 긍정적 기능을 설명한다.

'하늘은 왜 파랄까?'

'나는 앞으로 어떻게 살아야 할까?'

아이가 단순한 과학적 호기심부터 철학적 인성 사고까지 할 수 있는 시간 확보가 절실하다. 아이 스스로 생각하는 시간을 언제 확보할 수 있는지 빈틈을 샅샅이 찾아보자. 조용한 방 안에서 수도승처럼 꼿꼿하게 앉아 생각하라는 게 아니다. 틀에 맞춰 '스스로 생각하기'를 시킨다면 아이들은 고개를 절레절레 흔들며 꽁무니를 뺄 것이다. 아이가 느끼는 가장 편안한 자세로 생각하게 두어야 한다. 누워도 좋고, 소파에 느슨하게 기대어도 좋다. 이왕이면 아이가 좋아하는 간식도 챙겨주자. 마지막으로 베토벤, 바흐, 쇼팽 등 다양한 템포의 클래식을 나지막이 들려준다. 이제 아무 생각이든 마음껏 하게 내버려둔다.

　인간의 뇌는 현명하다. 스스로 배운 것을 찾아내어 정리하고 올바르게 판단한다. 우리 아이들에게는 단지 그런 시간이 부족했을 뿐이다. 하루 10분씩 인성교육 책을 읽거나 필사했던 아이는 이러한 '스스로 생각하는 시간'을 통해 서서히 무르익는다. 전기밥솥은 밥을 완성해도 마지막 잠시 뜸을 들이는 시간이 지나야 뚜껑이 열린다. 아이의 삶 중간마다 '뜸을 들이는 시간'을 기다려준다면, 윤기 나고 구수한 인성이 완성될 것이다.

아이의 자존감과 자기애가 자라는 베이스캠프

✦

행복한 가정은 모두 비슷하지만,
불행한 가정은 저마다 다른 이유로 불행하다.

- 톨스토이Lev Nikolayevich Tolstoy

아이의 베이스캠프는 가정이다

"가야 한다. 불가능은 없다."

인간의 무한한 가능성을 증명해낸 산악인이자 탐험가, 엄홍길 대장은 산악에 대한 깊은 열정과 끈기, 도전정신을 보여주었다. 이런 등반가들이 히말라야의 에베레스트산과 같은 큰 산을 등반할 때 반드시 필요한 것이 있다. 오랜 등반기간 동안 식량 등 생존에 필요한 것들을 두고 머무르는 곳, 바로 베이스캠프다. 베이스캠프를 정할 때는 땅이 경사지지 않아 편안하며 식수가 보급되는 곳이어야 한다. 만약 등반가들이 베이스캠프를 정하지 않고 오랜 산행을 한다면 금방 지쳐 등반을 포기할 수밖에 없을 것이다. 엄청난 끈기와 집념으로 산을 오르는 등반가들은 베이스캠프가 있어 든든하다. 날씨 등 다양한 변수들을 베이스캠프 내 요원들과 무전으로 소통한다. 덕분에 마음 편히 산을 오르고 내려온다.

만약 산악 등반 중 베이스캠프가 제대로 운영되지 않는다면 어떻게 될까? 아무리 뛰어난 산악인이라도 불안해서 제대로 등반할 수 없을 것이다.

우리 가정은 아이의 베이스캠프이다. 아이가 어디를 다녀와도 따뜻하게 받아주는 장소, 언제든 돌아와 편히 쉴 수 있는 곳이다. 게다가 무슨 일이 있으면 주저 없이 조언을 구할 수도 있다. 만족스러운 해답을 얻어낼 수 있는 요원이 살고 있기 때문이다.

EBS 다큐멘터리 〈퍼펙트 베이비〉에서는 아이가 장난감을 갖고 놀 때 엄마가 몰래 방을 나가는 실험을 했다. 이때 아이는 낯선 사람과 둘만 남겨진다. 잠시 후 엄마가 들어와 아이와 다시 만난다.

제작진은 엄마와 아이가 만나는 순간 아이의 스트레스 정도를 측정했다. 엄마가 사라진 것을 안 아이는 대부분 당황하며 스트레스 호르몬이 높아졌다. 그런데 신기한 점 한 가지가 있었다. 엄마가 돌아온 후 아이들 반응이 제각 각이었던 것이다. 스트레스 호르몬 수치가 떨어진 아이, 높아진 아이 그리고 일정하게 유지되는 아이까지 다양한 양상을 보였다. 사실 이 실험은 영국의 정신분석가 존 볼비John Bowlby가 창시한 '애착 이론'에 관한 내용이었다.

안정적으로 애착이 형성된 아이는 대부분 엄마를 다시 만났을 때 마음이 편해지고 스트레스 수치도 바로 낮아진 다. 우리 아이들이 고된 하루를 마치고 돌아왔을 때 편안 하게 몸과 마음을 맡길 곳이 필요한 이유다. 그리고 이 역 할을 수행해 줄 장소는 오직 하나, 가정뿐이다.

처음부터 문제아는 없다

"도대체 우리 아이가 왜 이럴까요?"

폭력, 게임중독, 가출 등 지독한 사춘기를 앓는 자녀들의 부모는 하나같이 이렇게 푸념했다. 그러나 부모와 아이의 이야기를 각각 들어보면 그 이유가 바로 보이는 경우가 많았다. 어쩌면 아이가 왜 그런지는 오직 부모만 알지 못하는 것은 아닐까.

처음부터 문제아는 없다. 가정폭력이나 부부싸움, 이혼 같은 특수한 상황에 처한 아이의 이야기가 아니다. 억압과 통제가 많은 집안 분위기, 짜증으로 가득 찬 잔소리를 가장한 독설들. 내가 처리했던 사건 발생 가정 80%는 가족 간 소통이 없었다. 마치 지하철의 양 끝 운전사들이 서로 원하는 목적지로만 가자고 주장하는 듯했다. 그렇게 각자 끌고 당기다 지쳐버린다. 결국 시작점에 멈춰버린 지하철은 다시 출발할 자신이 없다. 아이에게 무작정 공감해 주고 질질 끌려가라는 이야기가 아니다. 부모라면 아이가 필요로 하는 정확한 시점에 함께 대화하고, 당시 느끼는 감정을 재빠르게 알아채야 한다.

사건 현장의 아이들은 부모에게 도움의 손을 내미는 시간이 생각보다 짧았다. 아이의 간절한 요청을 부모는 바쁘다는 핑계로 놓쳐버렸다. 이후 경찰관을 찾고, 상담사를 만날 때는 모두 알다시피 이미 손쓰기 어려운 경우가 많다. 베이스캠프인 가정은 안정적이고 소통이 가능한 공간이어야 한다. 먼저 편안한 가정이 있어야 아이의 자존감과 자기애가 자랄 수 있다.

베이스캠프 가정을 만드는 3가지 방법

1. 삶의 주도권은 아이에게 있다

지인은 딸아이를 그 흔한 사교육 한번 없이 유명한 대학에 보냈다. 무엇보다 평소 사이가 무척 좋은 부녀지간이라 남들의 부러움을 샀다. 비법을 묻는 사람들에게 지인은 이렇게 말했다. "아이에게 일일이 간섭하지 않았어요. 그저 옆길로 샐 것 같을 때만 툭툭 쳐서 바로잡아 주었죠."

대한민국에서 부모의 헌신은 필수코스인지 오래다. 뒷바라지라는 명목으로 아이가 할 수 있는 것마저 모조리 해결해 주는 이른바 '앞바라지' 역할을 한다. 아이가 학교에 가지 못할 때 부모가 대신 전화하는 일은 당연해졌다. 요즘은 학교 선생님도 결근 시 교감 선생님께 부모가 대신 전화한다는 기가 막힌 이야기도 들린다.

아이가 시행착오를 경험할 기회를 주어야 한다. 경험의 궁핍은 미래에 아이의 정신적 궁핍으로 이어진다. 어릴 적 생긴 얼굴의 티끌만 한 상처도 클수록 넓어진다. 어릴 적 한 가지의 경험을 막는 것은 수만 가지의 경험까지 막아서는 일이 될 수 있다. 한 번도 못 해본 걸 하려는 아이는 없다. 낯선 것은 두렵기 때문이다.

영하의 날씨에 아이가 반바지를 입는다고 억지를 쓰면 입게 둔다. 극한의 추위를 느낀 아이는 다음 날 알아서 긴 바지를 찾아 입을 테니까. 잠시 추위를 느끼는 것 혹은 감기에 걸리는 것 따위는 세상을 살아가면서 아주 작은, 잠시의 불편함일 뿐이다. 아이 스스로 해본 후 느끼고 수정하면 된다. 수정할 기회를 양보하자.

2. 하루에 한 번 대화의 시간을 갖는다

아이가 사춘기에 접어들 무렵부터 대화를 하지 않는다는 부모들이 많다. 아이가 방문을 잠그는 것은 어쩔 수 없이 받아들여야 하는 사춘기 부모의 자세라고 말하기도 한다. 조금 남아 있는 부모의 권위마저 잃을까 두려워서 차마 대화를 건네지 못하는 부모도 있었다. 그래도 소통을 포기하지 않았으면 좋겠다. 소통은 유일한 아이와의 끈이다. 매일 대화 시간을 마련하고 공부에 우선순위를 밀리지 않게 대화를 보장해야 한다.

혹시 '대화거리가 없다'라고 생각하는가? 각자 밖에서 보고 느낀 것들을 편하게 풀어내면 어떨까? 특히 아이들은 부모가 회사나 밖에서 겪었던 일들에 상당히 관심이 많다. 아이가 모르는 가족의 삶이 궁금한 것이다. 그래서인지 우리 아이는 "엄마는 오늘 회사에서 어떤 일들이 가장 재미있었어?"라는 질문을 자주 한다. 이러한 질문을 받은 초반에는 어떤 말을 해줘야 할지 도통 떠오르질 않았다.

"엄마는 재미있는 일이 하나도 없었어. 일정이 빡빡해서 제대로 밥도 못 먹고 일했거든." 이런 말이 목구멍까지 올라왔지만 겨우 꿀꺽 삼켰다. 그리고 잠시 나의 하루를 되돌아보았다. '오늘 회사에 나가 경험한 일 중 좋았던 것들이 뭐가 있었을까?' 불현듯, 오늘 점심에 아이도 좋아하는 만두가 나온 게 생각났다.

"오늘 점심 메뉴로 우리가 좋아하는 만두가 나왔어. 만두를 실컷 먹었더니 기분이 좋더라."

나의 답변을 들은 아이는 자신이 좋아하는 음식이 나온 것에 흥분했다. 이어서 가족 외식 때 먹으러 갔던 만둣집, 학교 식당 이야기 등이 실타래 풀리듯 술술 나오기 시작했다.

먼저 마음을 열면 대화는 시작된다. 정신건강의학 전문의이자 아동심리 전문가 오은영 박사가 나오는 프로그램을 보면 부모가 아이에게 대화를 먼저 제안한다. 그런데 아이가 의견을 말하면 정작 부모는 아이가 잘못했던 점들을 나열하면서 청문회를 방불케 하는 모습을 보여준다. 그러면 대화를 시작할 수 없다. 먼저 아이를 지지하고 격려해야 마음을 연다. 그래야 아이가 입을 뗀다.

"미래의 너는 어떤 사람이 되어 있을 것 같아?" "그 친구는 왜 좋아?" "어떻게 사는 게 행복한 걸까?" 등 평소 질문을 많이 던지는 부모가 되어야 한다. 아이가 대답을 바로 못할 수도 있다. 생각하고 뒤늦게 정리된 답변을 전할 수도 있다. 대화 당시 답하지 못했더라도 이렇게 툭 던져 놓은 질문은 쉽사리 사라지지 않는다. 저 멀리 희미하게 보이는 등불처럼 아이는 답을 찾아내고자 노력하기 때문이다.

3. 우리 가족만 하는 이벤트를 만든다

우리나라에는 기념일이 많다. 3월 3일은 삼겹살 데이, 11월 11일은 빼빼로 데이 등 수많은 'DAY'도 있다. 이처럼 우리 가족에게도 의미 있고 기념이 되는 날을 챙기는 행사를 지정해 보자. 한 해가 시작될 때 모두 모여서 '태어난 지 1,000일째 되는 날' '아이가 책 1,000권을 다 읽은 날' '아빠가 승진하는 날' 등을 선정한다. 그리고 해당 일이 되면 아이가 태어남을 감사하고 그간 무탈하게 지낸 것을 기념한다. 아이가 독서 목표를 달성하면 열심히 책을 읽은 일을 칭찬해 준다. 아빠가 승진한 날에는 부모의 수고를 자식으로서 감사히 여기는 시간을 갖는다.

기념일에는 기억에 남을 '작은 의식'도 진행한다. 화려한 케이크는 없어도 된다. 가족이 좋아하는 김밥에 초를 꽂아 축하하기, 평소 갖고 싶었던 것들을 종이에 적어 뽑아 보기, 사다리 게임 하기 등 다양한 아이디어를 내어 해보자. 이런 작은 의식은 아이들에게 즐겁고 좋은 추억이 된다.

필수는 아니지만 작은 선물도 준비하면 좋다. 첫째 아이는 기저귀를 막 뗀 둘째에게 뽀로로를 그려 '생일 축하해'라고 적은 편지를 줬다. 둘째 아이는 지금까지도 뽀로로

그림 편지를 간직하고 있다. 아마 형이 자신의 성장을 축하해 주었다는 기쁨 때문일 것이다.

가족의 기념일을 서로 챙기는 것은 끈끈한 정을 쌓는 일이다. 그렇게 오랜 기간 차곡차곡 쌓여 '추억타워'가 완성된다. 롯데타워처럼 높고 튼튼한 우리 집만의 '추억타워'가 만들어지는 순간이다. 그러면 미래의 어느 날, 미운 순간이 오더라도 그동안 쌓아둔 추억타워 덕분에 이겨낼 수 있지 않을까? 이런 의식을 통해 가족의 소중함을 느끼고 감사하는 아이가 되리라 믿어 의심치 않는다.

'착한 아이'와
'인성이 바른 아이'는 다르다

착한 사람은 남의 의지에 따르고,
유능한 사람은 자신의 의지를 이루는 법이다.
- 공자

흔히 인성교육의 목표를 '착한 사람'이 되는 것이라고 오해하곤 한다. 그래서 부모는 아이가 착한 사람이 되길 바라며 이렇게 말한다. "친구들과 싸우지 마라." "먼저 양보해야 한다." "내 주장을 내세우지 말아야 한다."

미국의 아동문학가 쉘 실버스타인Shel Silverstein이 쓴 《아낌없이 주는 나무》라는 동화가 있다. 나무는 한 소년에게 그네도 매달게 해주고, 사과도 주고, 그늘도 주고, 집도 주고, 배도 주고, 결국에는 밑동까지 내어준다. 그러고도 행복하다고 말한다. 그런데 나무는 정말 행복했을까?

인성이 바른 사람은 자신만의 신념이 확실하다. 인성 덕목에 맞는 판단을 분명히 하여 행동하는 사람이다. 이런 행동을 보이면 남들이 함부로 대하지 못하는 이른바 '인성적 권위'가 생긴다. 결코 만만한 사람이 될 수 없다. 실제로 사회에서 만난 사람 중 인성이 바른 사람이라고 해서 무작정 착한 사람은 보지 못했다. 그들은 자존감과 자기애를 장착했기 때문에 단순히 '착하다'라는 말에 연연하지 않는다.

아낌없이 주는 나무는 내어주는 데 진심이었기에 행복했을 것이다. 그러나 이와 달리 '착하다'라는 말을 듣고 싶어 주기 싫은 것을 억지로 끄집어내 준다면 불행할 수밖에 없다. 자신의 신념을 믿고 흔들림 없이 실천하는 것이 인성교육을 받은 사람의 진짜 모습이다. 아일랜드 작가 오스카 와일드Oscar Wilde는 이렇게 말했다. "너 자신이 되어라. 다른 사람은 이미 존재한다."

'괜찮아'라는 말 뒤에 숨은 의미

강대국도 우둔한 지도자를 만나면 몰락의 운명에서 벗

어날 수 없다. 훌륭한 리더는 현재의 일 다음의 방향성을 고민한다. 제아무리 똑똑한 자녀라 할지라도 부모의 방향성에 따라 아이의 삶은 달라진다. 부모는 아이를 위해 나아갈 길의 이정표부터 확인 후 아이에게 제시해야 한다. 자신의 생각만이 옳다며 잘못된 사고방식을 주입하는 부모의 모습은 위험천만하다. 듣는 귀를 닫고, 아이가 제대로 자란다는 착각 속에 빠져 있는 부모는 언젠가 아이를 곤경에 빠트린다.

만약 아이가 "나는 괜찮아요"라며 의견을 명확히 표현하지 않으면, 안심할 게 아니라 의심해야 한다. 문제를 만들지 않는 착한 아이로 보이려는 것일 수도 있다. 아이가 진짜 속마음을 숨긴다면 결국은 병이 된다. 괜찮기만 한 사람은 세상에 존재할 수 없다. 아이가 괜찮지 않다는 말을 못 하게 입부터 틀어막는 우를 범하지 말아야겠다.

인성교육을 시작하기 전, 부모는 인성교육의 진짜 본질부터 이해하는 노력을 해야 한다. 인성교육의 시작은 소통이다. 인성교육을 할 때 단방향으로 지시하지 않는다. 혹여 아이가 반대 의견을 내더라도 귀 기울일 줄 알아야 한다. 반드시 아이와 주거니 받거니 양방향으로 이뤄져야 한다. 친구에게 전화가 온 상황을 가정해 보자. 하필 휴대폰 스피커 기능이 고장 나 내 말은 들리지 않는다. 친구의 말만 들을 수 있고 나는 일절 말하지 못하는 상황이다. 의견 전달만 하는 친구는 괜찮을지 모른다. 그러나 듣기만 하는 쪽은 답답해 죽을 맛이다. 이해가 되지 않거나 내 생각과 맞지 않을 때 의견을 전할 길이 전무하기 때문이다.

'인생 총량의 법칙'이란 말이 있다. 인생에 행복과 불행의 전체 양은 정해져 있다고 한다. 일찍 넘치는 행복을 겪은 사람은 훗날 불행을 겪는다. 이에 반해 일찍 불행의 시간을 보낸 사람은, 후에 그만큼 행복을 겪게 된다는 법칙이다. 어릴 때 예민하던 아이가 커서는 속을 썩이지 않고, 어릴 때 순했던 아이가 마흔이 넘어 뒤늦게 엇나가는 경우도 많다.

지금 착한 아이라고 해서 아이가 평생 행복하거나, 계속 착하게만 자랄 것이란 착각은 버리자. 어른이 된 후 착하던 자식의 원망을 듣고 싶은가? '모두가 괜찮으려면 너만 참으면 된다'는 의무감을 아이에게 무의식적으로 지우고 있는 건 아닌지 점검할 때이다.

강력한 태풍을
무사히 지나는 방법

✦

자식을 낳으면, 철들 때부터 착하게 인도해야 한다.
어려서 가르치지 않다가 이미 자란 다음에
바로잡으려 하면 매우 어려울 것이다.
- 율곡 이이

Let it be

아직 유아기 아이를 키우고 있을 때, 나는 질풍노도의 시기를 겪는 청소년과 그 가족을 만나는 일이 잦았다. 당시 하는 업무가 가정폭력·아동학대 전담 경찰관(APO)이었기 때문이다. 가정폭력과 학대에 노출된 어린아이를 만날 때는 마음이 아파 눈물이 나왔다. 이와 반대로 청소년 사건은 마음이 답답해 한숨이 절로 나오곤 했다. 우리는 지속적인 관찰을 통해 문제가 반복되는 아이들을 살폈다. 심각한 경우에는 솔루션 회의를 거쳐 해결하고자 했지만 대부분 쉽게 끝나지 않았다.

생각보다 사춘기는 강력했고, 파괴적이었다. 태풍처럼 사정없이 때려 부수고 상처를 남기며 휘몰아쳤다. 일차적인 업무 해결책을 떠나 앞으로 닥칠 아이의 미래에 대한 불안감이 몰려왔다. 나는 사춘기를 극복하는 답을 찾아 청소년 심리에 관련된 책을 찾아 읽었다. 그리고 실제 아이와 학부모를 상담하고 지켜봤던 심리상담사, 사회복지사, 구청 공무원들과 이야기하며 깨달음을 얻었다. 그렇게 시간이 흐르자 점점 감이 잡혔다. 태풍 같은 사춘기를 극복하는 방법은 바로 Let it be. '내버려둬라'였다.

부모와의 갈등이 최고조였던 아이 C가 있었다. 어릴 때부터 C는 머리가 좋았다. 올림피아드 등 경시대회 수상도 여러 번 했다. 그런데 중학교에 들어가자 갑자기 공부를 포기했다. 특별한 이유는 없었다. 친해진 아이들과 밤늦게까지 어울리며 학원을 빼먹기 시작하더니 나중에는 학교 등교조차 거부했다. 부모는 늦은 밤까지 들어오지 않는 아이를 찾아 헤매다 기차역 의자에서 웅크리고 잠을 자던 C를 데려오기도 했다. 부모가 느낀 절망감은 말로 다 표현

할 수 없을 정도로 컸다. 이러한 C의 일탈은 아빠의 꾸지람으로 이어질 수밖에 없었다. 그러나 아랑곳하지 않는 C를 보며 부모의 고민은 깊어만 갔다.

간절히 해결을 바라는 C의 부모에게 나는 앞서 보고 들었던 사례를 토대로 이렇게 조언했다. "일단은 아이가 하고 싶은 대로 내버려두실 수 있을까요?"

답답하고 화가 치밀어 오르겠지만 C의 행동에 부모가 일절 반응하지 않기를 요청했다. 만약 집에 들어오지 않더라도 뭐라 하지 않기로 약속했다. 대신 C가 집에 돌아왔을 때 따뜻하게 대할 것을 강조했다. 잘못이 없는 아이를 대하듯, 아이가 좋아하는 반찬으로 정성껏 밥을 차려주도록 했다. 미션은 단 2가지였다. '일절 관여하지 않기'와 '맛있는 식사 준비하기'. 달콤한 우회 전략이었다.

그 후 어떻게 됐을까? 나무라기만 하던 부모가 달라지자 다행히 아이와의 관계는 눈에 띄게 좋아졌다. 그러나 학교에서 아이의 일탈은 끊이지 않았다. 결국 부모는 서울에서 저 멀리 시골로 이사를 가기로 했다. 부모의 직장까지 바꿔야 했지만, 사랑하는 아이를 위해서였다. "어쩔 수 없죠. 저희는 C가 제대로 크면 더 바랄 게 없어요. 말씀하신 대로 따뜻하게 키우겠습니다." 모든 것을 내려놓은 엄마의 목소리를 통해 짐작할 수 있었다. 분명 C는 제대로 커 나가리라고.

소아청소년정신과 전문의 서천석 박사는 부모는 아무 근거가 없어도 아이를 일단 믿는 사람이라고 말한다. 나무를 보며 이 자리에 '꽃이 필 거야'라고 굳게 믿는 마음이 바로 부모의 마음이라고 한다. 그런 믿음으로 아이를 보아야 한다고 강조한다.

인간은 잘못을 하게 되면 직감적으로 자기 잘못의 크기를 알아챈다. 그러나 잘못된 행동을 보였음에도 부모의 무한한 사랑과 믿음을 느낀 아이는 절대 엇나가지 않는다. 제아무리 강력한 태풍일지라도 한없이 품어주는 부모의 따듯함 앞에서는 차가운 기세가 소멸하는 모습을 많이 보았다.

사춘기 방황에 대비하는 3가지 방법

이미 크게 방황하는 아이를 바로잡는 것은 참으로 어려

운 일이다. 뒤늦은 후회를 하는 부모의 모습을 보면서 미리 예방하는 방법은 없을지 고민했다. 어릴 때부터 방황하는 아이를 위해 부모가 먼저 마음을 단단히 먹어야 한다. 다음과 같이 '방황하지 않는 아이로 키우는 법 3가지'를 제안한다.

1. 위인의 사례를 보며 예측한다

보통 초등학교 입학 전·후부터 위인전을 읽힌다. 그런데 보통 위인전 전집 한 질만 읽힌다. 위인의 생애에 대한 객관적인 기록은 비슷하다. 그러나 출판사별로 위인을 강조하는 부분이 다르다. A출판사에는 있는 내용이 B출판사에서는 생략되기도 한다. 그래서 위인전은 최소 3질 이상 골고루 읽히려고 노력했다. 위인전은 한 번만 읽는 책이 아니다. 빌려 읽기보다 중고로 살지라도 집에 두고 반복해 보는 것이 좋다. 생각날 때마다 한두 번씩 꺼내 읽으면서 위인의 삶을 곱씹어본다. 그렇게 서서히 아이 마음속에 그들이 스며들게 된다.

전기를 읽히는 이유는 위인처럼 훌륭한 인물이 되고 성공하길 바라서일 것이다. 여기서 살짝 관점을 바꿔 생각해 보자. 위인의 눈부신 성공에 초점을 맞추기보단 '실패와 좌절을 마주하는 태도'를 기억하게 만들어야 한다. 실패를 단순히 성공하는 과정의 일부분이라 치부하지 않으면 좋겠다. 어마어마한 위인도 실은 보통 사람이었다. 그도 지나온 과정이 참 힘들었다는 말이다. 아픔과 좌절이 있었으나 어떠한 태도와 생각으로 극복했는지에 의미를 두며 읽혀야 한다. 성공보다 실패와 좌절을 극복한 마음에 공감하게 해야 한다. 이를 통해 자연스럽게 앞으로 닥칠 여러 문제, 즉 교우관계나 가정형편이 어려워져도 이겨낼 수 있도록 대비한다.

2. 때로는 만화가 더 좋다

《명심보감》,《논어》,《중용》 등 좋은 고전은 많다. 그러나 고전을 재미있게 읽는다는 아이가 어디 그리 많던가. 아직까지 고전은 딱딱하고 부담스럽기 그지없다. 심지어 어른도 읽다가 포기하는 것이 고전이다. 좋은 약이 입에 쓰듯, 대개 좋은 책이 어려운 건 부정할 수 없다.

그래서 어린아이일수록 인성교육 책을 동화와 만화로 읽히는 것을 추천한다. 인성동화는 아주 어릴 때부터 읽힐 수 있어 좋다. 요즘은 학습동화만큼 감성동화, 인성동화에 대한 부모의 관심이 높다. 덕분에 어린이 출판사에서 감성, 인성동화를 많이 출간하고 있다. 동화를 통해 가랑비에 옷 젖듯 서서히 스며들게 하는 인성교육을 할 수 있다. 이렇게 물밑 작업을 해놓는다면 좀 더 컸을 때《명심보감》을 내밀어도 부담 없이 받아들일 수 있다.

아이와 함께 시립도서관에 갔을 때 일이다. 입구 앞 기둥에 '독서는 집안을 일으키는 근본이다'라는 글귀가 적혀 있었다. 이를 보고 당시 7살이던 둘째 아이가 조용히 귓속말을 했다. "엄마, 저거《명심보감》에서 본 글이야."

생각지 못한 아이의 말에 기분이 좋았다. 꾸준히 인성공부를 시키면서도 아이가 제대로 배우고 있는지 도통 알 수 없었기 때문이다. 배우고 익힌 것은 사라지지 않았다. 분명 아이 마음속 어딘가에 숨어 있다는 걸 확실히 느낀 날이었다.

만화책은 말풍선 대화로 이루어져 있다. 그래서 문장구조를 익히기에 부족하고 집중력이 떨어진다는 단점이 있다. 그러나 고전만화만큼은 아이에게 허락해도 좋다. 만화 속에 등장하는 우둔한 사람이 인성 덕목을 배워가며 깨우

치는 과정을 유머러스하게 보여준다. 니체의《차라투스트라는 이렇게 말했다》를 만화책으로라도 접한 아이는 "차라… 뭐?"라고 되묻는 아이와는 분명히 다른 결과를 들고 오리라 확신한다.

3. 꿈이 없으면 방황한다

불과 몇 년 전까지만 해도 '좋은 대학에 들어가기 위해' '대기업에 입사하기 위해' '부모를 위해'라는 공부의 이유가 통했다. 그러나 이런 말은 더 이상 아이의 마음을 이끌 수 없다. '나'에게 집중하는 요즘 아이들에게 공부는 오로지 '나와 관련된 확실한 이유'가 있어야 하는 일이 되었다.

청소년기는 자아 정체성을 찾는 시기다. '나는 누구인가' '무엇을 위해 사는가'라는 물음에 심도 있게 고민하게 된다. 아무 생각 없이 유년 시절을 보낸 아이는 청소년기에 불쑥 찾아온 생각 때문에 혼란스럽기 마련이다. 사람들이 귀신을 두려워하는 것은 갑자기 나타나기 때문이다. 흉측한 귀신조차 이목구비는 어떻게 생겼는지, 팔과 다리는 있는지 등을 미리 알면 무섭지 않은 존재가 된다. 그러면 청소년기에 '갑자기' 들이닥치는 혼란을 방지하기 위해 어떤 장치를 마련하면 좋을까? 그건 바로 아이의 꿈을 설계하는 일이다. '무엇이' 될지가 아니라 '어떻게' 살지를 정하는 것이다.

'나는 무엇을 가장 잘하는가' '앞으로 어떻게 살아야 하는가'의 설계도를 자로 그어가며 차근차근 꼼꼼하게 그려야 한다.

'마음을 잡다'라는 표현은 아이에게 꿈이 생겼다는 말과 같다. 제대로 꿈이 생기면 아이는 최선을 다한다. 청소년기는 열정의 힘이 최대치인 때다. 그래서 시너지가 폭발한다. 반에서 꼴등을 하던 아이가 갑자기 공부를 시작하고 일류대에 입학했단 이야기가 심심치 않게 들리는 이유다. 꿈이 있으면 방황할 틈조차 없다.

우리 집 대장은
아이 말고 부모

✦

더 많이 준다고 아이를 망치는 게 아니다.
충돌을 피하려고 더 많이 주면 아이를 망친다.

- 존 그레이John Gray

군주와 부모의 공통분모

나는 같은 산부인과에서 아이를 낳은 산후조리원 동기 4명과 친하게 지냈다. 동갑인 데다 같은 시기 아이를 낳았으니 얼마나 공감대 형성이 잘되었겠는가? 우리는 난생처음 하는 육아의 고됨을 위로하며, 쉼 없이 카톡을 주고받았다. 분당 맛집을 섭렵하며 시청 '아이사랑놀이터'에서 매일 만나다시피 했다. 기동성이 뛰어났던 우리는 여행까지 다니며 관계가 더욱 끈끈해졌다. 푸념을 가장한 수다를 한

바탕 늘어놓는 산후조리원 모임은 육아 스트레스가 풀리는 활력소 그 자체였다.

그런데 아이들이 자라면서 문제가 생겼다. 동기 중 한 명인 K의 행동 때문이었다. 식당에서 주문한 음식이 나와도 아이가 손을 끌면 나가서 식사가 끝날 때까지 나타나지 않았다. 다른 동기가 둘째 아이를 낳은 것을 축하해 주러 먼 길을 갔을 때도 일이 생겼다. K의 아이가 떼를 쓰면서 집에 가겠다고 하자, 온 지 얼마 되지도 않아 다시 돌아가고 말았다. K는 차 안에서 이유 없이 소리를 지르거나 내린다며 말도 안 되는 떼를 쓰는 아이에게 한 번도 주의시키지 않았다.

K는 아이를 혼내는 대신 "○○아, 많이 속상해? 엄마가 들어줄게. 네 마음을 이야기해 봐"와 같은 말만 했다. 아이의 기분이 좋지 않은 순간마다 마음을 공감하는 말과 행동만을 반복했다. 당시 K는 아이에게 공감해 주고 마음을 읽어줘야 한다는 내용의 육아 서적을 많이 읽는 엄마였다. 당시 이러한 육아방식이 인기가 있기도 했다.

그러나 K가 간과한 점이 하나 있었다. 바로 아이의 마음 이외에 주변인의 마음을 알아주려는 노력은 하지 않았다는 것이다. 모임을 위해 동기들이 내어준 시간의 가치를 알지 못했다. K는 평소 현명하고 따뜻한 성격을 가지고 있었다. 그래도 그녀의 육아방식만큼은 다들 이해할 수 없었다. 그렇게 모임의 분위기는 점점 싸늘해져 갔다. 사람들을 한없이 기다리게 만들거나 중도에 가버리는 행동이 계속 반복되었기 때문이다. 평생 함께하자던 산후조리원 모임은 아이들이 초등학교에 가기도 전에 아쉽게 사라졌다.

마키아벨리는 《군주론》에서 이렇게 말했다.

- 군주는 신중하고 자애롭게 행동해야 한다.
  지나친 자신감으로 경솔해지거나 지나친 의심으로 견디기 어려운 존재가 되어서도 안 된다.
- 군주가 가질 수 있는 최선의 요새는 민중에게 미움을 받지 않는 것이다.
  민중이 미워한다면 최고의 요새라도 군주를 구하지는 못할 것이다.
- 사랑받는 군주보다 엄한 군주가 되는 것이 낫다.
  두려움의 대상이 되는 일과 증오의 대상이 되지 않는 일은 얼마든지 양립할 수 있다.

《군주론》은 이상적인 군주의 자질과 통치 기술을 안내하는 책이다. 그런데 놀랍게도 《군주론》의 내용이 부모와 자식 간에도 부합한다는 사실을 깨달았다. 그래서 군주를 부모로, 민중을 아이로 바꾸어 해석해 보았다. 아이에게 보여야 할 부모의 권위와 태도를 《군주론》과 함께 되짚어 보고자 했다. 우리는 민중이 바라보는 군주의 모습처럼, 자식이 바라보는 부모의 모습은 어떠해야 하는지 알아볼 필요가 있다. 무턱대고 잘해주기만 하는 한국의 육아문화에서 필히 고민해야 할 부분이기 때문이다.

이제부터 위에서 나온 군주의 덕망에 빗대어 부모의 자질을 하나씩 살펴보자.

- 부모는 신중하고 자애롭게 행동해야 한다. 지나친 자신감으로 경솔해지거나 지나친 의심으로 견디기 어려운 존재가 되어서도 안 된다.

아이가 어리다는 이유로 언제든 제어할 수 있다고 생각하면 오산이다. 어릴 때 제대로 훈육하는 시기를 놓친다면 시간이 지나도 잘될 리 만무하다. '손주를 지나치게 귀여워하면 할아버지 상투를 잡는다'라는 옛 속담은 그냥 나온 말이 아니다. 바로 코앞만 보는 경솔함은 미래에 큰 화를 부르게 된다.

아이의 잘못을 쉽게 용서하는 건 좋지 않다. 이는 진정으로 아이를 위하는 일이 아니다. 결국 아이는 더 큰 잘못을 저지르게 되기 때문이다. 아이는 눈앞의 이익에 따라 부모를 언제든지 속일 수 있다. 아이가 부모의 너그러운 모습을 이용하는 것이다. "다시는 안 그럴게요"라며 엉엉 우는 아이의 약속을 믿고 마음을 놓아서는 안 된다. 잘못을 했을 때는 행동의 원인부터 정확히 파악해야 한다. 아이 스스로 잘못된 점을 어떻게 고칠 수 있는지 깨닫게 한 후에야 용서해 주는 것이 좋다.

회사 선배는 아이가 잘못했을 때마다 잔소리 대신 반성문을 택했다고 한다. 아이가 반성문을 대충 써오면 잘 쓸 때까지 몇 번이고 다시 써오게 했다. 그러다 보니 아이가 전반적으로 글을 잘 쓰게 되어 문예창작과에 입학하기도 했다. 물론 반성문을 쓰는 이유가 글을 잘 쓰라는 의미는 아닐 것이다. 반성문 쓰기가 아니더라도 '자신이 잘못한 일을 분명히 이해'하고 반성하게 하자는 의도이다. 모든 문제는 아이가 스스로 깨달아야 바뀔 수 있다. 아이에게 주는 '쉬운 용서'는 나중에 돌이킬 수 없는 잘못으로 돌아올 수 있다.

반대로, 아이를 지나치게 의심하며 믿지 않는 부모여도 안 된다. 일단 아이가 잘못을 수긍하고 부모 역시 받아들였다면 '의심하지 않는 시간'이 필요하다. 물론 다시 속일 수도 있다. 어린아이는 유혹에 쉽게 무너지는 법이니까 말이다. 우선 믿는 시간을 준 후 결과가 좋지 못하다면 그때 다시 훈육을 해도 괜찮다.

"말해봐야 소용이 없어. 매번 똑같잖아"라고 단정 지으면 아이는 부모가 자신을 믿지 못한다고 생각할 수 있다. 이렇게 마음의 상처를 입은 아이는 부모에게서 서서히 떠날 채비를 시작한다.

• 부모가 가질 수 있는 최선의 요새는 아이에게 미움을 받지 않는 것이다.
아이가 미워한다면 최고의 요새라도 부모를 구하지는 못할 것이다.

평소 아이에게 충분한 사랑을 줬다면 아이는 부모를 미워하지 않는다. 안정된 가정이란 전제하에 옳은 일과 그른 일을 구분 지어 명확히 알려줬으면 그만이다. 그리고 알려준 것을 제대로 지키지 않았을 때 혼내는 일에 부담을 느껴서는 안 된다.

어릴 적 부모님 속을 엄청 썩인 고종사촌 동생이 있었다. 고모와 고모부는 사이가 좋지 않아 자주 다투셨다. 그 영향 탓인지 어느 순간부터 사촌 동생은 자주 학교를 빠지고 집에도 잘 들어오지 않았다. 고모와 고모부는 가출한 사촌 동생을 찾아 지하철역, 놀이터, 공원 등을 찾아다니기 일쑤였다.

시간이 많이 지난 뒤 고모의 생신날, 친척들이 한자리에 모였다. 고모는 몇십 년 만에 이런 말씀을 꺼내셨다.

"우리 아들이 한창 방황할 때 담임 선생님 집에 찾아갔었지. 제발 퇴학 처리만 막아달라고 선생님 앞에서 무릎 꿇고 빌었어."

갑작스러운 고모의 말에 친척들은 모두 깜짝 놀랐다. 당시 말을 듣지 않는 사촌 동생을 매로 때리고 혼내며 누구보다 강경한 태도를 보이셨기 때문이다. 역시 자식은 알지 못하는 '부모의 조용한 희생'이 집집마다 있음을 느꼈다. 그런데 이 이야기를 들은 사촌 동생이 한 말이 인상적이었다. "고등학교 때 매일 싸우는 부모님이 미웠고, 친구들이 더 좋았어. 그래도 이거 하나! 우리 엄마가 나를 믿는다는 건 알았지."

사촌 동생은 당시 방황의 여파로 대학을 가진 못했다. 대신 자신을 믿어준 부모님께 보란 듯이 성공해, 맨손으로 일군 중소기업의 대표가 되었다. 게다가 부모를 살뜰하게 챙기는 효자로 소문나 있다. 당시 문제를 일으키는 사촌 동생을 끝까지 의심하며 나무라기만 했다면 지금의 동생이 있었을까?

- 사랑받는 부모보다 엄한 부모가 되는 것이 낫다.
  두려움의 대상이 되는 일과 증오의 대상이 되지 않는 일은 얼마든지 양립할 수 있다.

엄한 부모 앞에서는 아이가 함부로 잘못을 저지르지 못한다. 잘못을 하면 반드시 그 대가로 벌을 받는 것을 알고 있기 때문이다. 그러나 마음이 약한 부모 앞에서는 아이가 잘못을 쉽게 저지르고 반성조차 하지 않을 때가 많다. 아직 어린 아이라서가 아니다. 다 큰 어른들의 세상을 둘러보자. 한 회사에 쉽게 허용하고 관대한 A팀장과 깐깐하고 엄격한 B팀장이 있다. 부하직원은 누구의 지시에 더 잘 따를까? 당연히 B팀장의 지시를 더 잘 듣게 된다.

사랑은 부모가 먼저 주면 된다. 사랑받는 부모가 되고 싶어 아이에게 사랑을 갈구하지 말아야 한다. 우리는 어린 시절부터 지금까지 '부모님이 우리를 사랑한다는 사실'을 알고 있다. 직접 듣지 않아도 마음으로 알 수 있다는 걸 기억하자.

아이를 혼낸 후 '사랑한다'라는 말을 다급히 해주지 않아도 된다. 엄할 때는 담백하고 단호하게 다스리는 시간만 있어야 한다. 애정 표현을 바로 하는 것보다 아이가 반성한 후에 천천히 말해줘도 괜찮다. 부모가 당당하고 진지한 모습을 보이는 공백 동안 아이는 진심으로 후회하고, 부모를 존경하는 마음이 생기게 된다.

간혹 남들 앞에서 우스갯소리 삼아 이렇게 말하는 부모가 있다. "우리 집 대장은 ○○(아이 이름)이야."

아이 앞에서 이런 말은 하지 않았으면 좋겠다. 우리 집 대장은 부모다. 아이는 대장을 따르는 부하다. 대장인 부모는 집안을 통솔하고 엄격히 관리하며, 아이는 그 속에서 안정감을 느끼고 부모에게 충성한다. 부모에게 충성한다는 단어에 반감이 들지도 모르겠다. 현재 한국의 육아는 부모의 희생만 강조할 뿐, 부모의 권위는 함락된 상태다. 부모는 아이가 아무리 사다리를 타고 올라오려 해도 공고히 지켜내는 성이 되어야 한다. 부모의 '권위'라는 성은 부모만의 육아 철학이 세워져 있고 타인의 말에 휘둘리지 않아 안정적인 곳이어야 한다.

독일의 교육자 베른하르트 부엡Bernhard Bueb은 저서 《왜 엄하게 가르치지 않는가》에서 부모의 엄격힘과 사랑 사이의 균형 잡힌 교육을 실행할 것을 촉구한다. 그는 부모의 힘이 '보호'를 의미하기도 한다고 말한다. 부모는 그들의 힘으로 아이들을 교육하고, 아이들은 부모를 힘 있는 존재로 인식하기 때문에 안전함을 느낀다는 것이다. 아이들의 눈에 부모의 힘은 초인적으로 보이기 때문에 어떤 무서운 존재도 막아줄 수 있다고 느낀다. 또한 정당한 권위는 두려움이 아니라 신뢰를 만들며, 오히려 권위의 결핍이 두려움과 불안을 낳고 삶의 방향을 잃게 한다고 지적한다.

부모의 권위가 사라진 가정은 쉽게 무너진다. 다시 쌓으려면 그 시간은 길고 험난하기만 할 것이다. 학교 선생님의 말을 들어보면 권위가 있는 가정의 아이들이 더 민주적·이상적인 느낌이고, 허용적인 가정일수록 태도가 엉망인 경우가 많다고 한다. 아이들도 누울 자리를 보고 다리를 뻗는다. 안절부절못하며 부모가 받아줄수록 아이는 더 과도하게 요구할 뿐이다.

가족의 대장, 부모의 삶을 먼저 챙기자. 태양 같은 모습의 부모로서 주체적으로 살아가자. 아이는 해바라기처럼 그 모습을 따라 움직이며 스스로 잘 자랄 것이다.

2장

평생 삶의
무기가 되는 인성 덕목

부모는 존경의
대상이어야 한다

✦

자기 부모를 섬길 줄 모르는 사람과는 벗하지 말라.
그는 인간의 첫걸음을 벗어났기 때문이다.

- 소크라테스Socrates

부모가 퇴근해도 쳐다보지 않는 아이들

지인의 집에 놀러 갔을 때 일이다. 지인은 초등학교 2학
년과 4학년 남매를 키우고 있었다. 아이들은 거실에서 텔
레비전을 보고, 지인과 나는 대화를 나누던 중 아이들 아
빠가 퇴근을 하고 집에 돌아왔다. 그런데 도어록을 여는
소리와 함께 들어온 아빠에게 아이들은 눈길조차 주지 않
았다. 심지어 아빠가 말을 걸어도 텔레비전 화면에만 눈을
고정한 채 대답하지 않았다. 마침 그때 초인종이 울렸다.

저녁 식사 시간에 맞춰 미리 주문했던 치킨 배달이 도착한 것이다. 그러자 요지부동이던 아이들이 일제히 일어나 현관으로 달려가서 치킨을 받아오는 게 아닌가?

그 모습을 보며 놀라움을 금치 못했다. '혹시 텔레비전 소리 때문에 아이들이 아빠의 목소리를 못 들은 건 아닐까?'라고 잠시 생각했지만, 그런 게 아님을 곧 깨달았다. 치킨 포장을 뜯는 아이들에게 옆에 앉은 아빠는 투명 인간 같았다. 같은 공간에 있지만 존재감이 없는 사람 말이다. 지인의 남편은 민망한 듯 웃어넘겼지만 나는 그 장면이 한동안 잊히지 않았다.

하루 종일 밖에서 일하고 돌아오는 부모의 노동 덕분에 집이라는 소중한 장소가 존재한다. 만약 부모의 수고를 아이들이 알지 못한다면 우선 감사함부터 가르쳐야 한다. 눈앞에 존재하는 것이 당연하지 않다는 사실을 말해줘야 한다. 인성교육은 가정에서부터 시작되며 타이밍을 놓치지 않는 것이 중요하다. 부모의 귀가 시간에 아이가 공부 중이면 굳이 나와 보지 않아도 괜찮다는 의견도 많다. 그러나 과한 배려는 오히려 '부모의 수고가 자신의 수고보다 값지지 않다'는 위험한 착각에 빠트릴 수 있다.

부모의 사랑 vs 아이의 사랑

"우리는 너희한테 바라는 거 없다."

자식에게 바라는 것이 없다는 부모의 말은 거짓말탐지기로 측정해도 분명 100% 진심일 것이다. 하지만 세월이 흘러 몸이 늙고 병들게 되면 상황은 달라진다. 바라는 것이 없지만 자식이 병원에 함께 가주었으면 좋겠다. 정말 바라는 것이 없지만 늘 똑같고 외로운 일상에서 자식의 목소리를 듣고 싶다. 가끔은 잠시 찾아와서 얼굴을 마주 보면 좋겠다.

요즘 사람들은 '손절'이라는 단어를 쉽게 사용한다. 실제로 자신의 삶에서 툭하면 친구나 지인을 손절하고 나아가 배우자, 형제자매 역시 손절하는 세상이 되었다. 부모는 아이에게 조건 없는 사랑을 줄 수 있는 유일한 존재다. 반면 아이는 그렇지 못하다. 부모와 달리 조건 없이 사랑하지 못한다. 더군다나 부모가 베푸는 사랑의 크기를 가늠하지 못하는 아이들이 자꾸만 늘어가고 있다. 부모 역시 손절 대상에서 자유롭지 못한 세상이 되어간다.

아이는 부모의 삶을 닮는다

고등학교 때 친구 J는 집이 가난했다. J는 배추, 고추 농사를 짓는 부모를 도와 어린 동생 2명을 돌봤다. 주중에는 엄마 대신 집안일을 했고, 주말에는 손톱에 흙 때가 새까맣게 낄 정도로 고추를 따며 농사일을 도왔다. '취미는 설거지, 특기가 밭일'이라고 당당히 말하던 재미있고 성격 좋은 친구이기도 했다. 예쁜 이목구비를 지닌 J는 현재 쇼핑호스트가 되어 활발히 활동 중이다. 여전히 J는 부모를 알뜰살뜰 챙기고 있다. 일하며 알게 된 품질 좋은 제품들을 집에 보내주기 바쁘다. 당시 학생이라 많이 힘들었을 텐데 어떻게 버텼냐는 나의 물음에 친구는 이렇게 말했다.

"내가 기억하는 부모님은 처절할 만큼 최선을 다해 일만 하신 분들이야. 엄마는 함바집까지 하셨지. 부모님은 새벽 4시면 일어나서 음식을 만들고, 곧장 밭으로 나가셨어. 그런데 어떻게 내가 감히 불평 따위를 할 수 있었겠어."

모두가 자식에게 부끄럽지 않은 부모가 되고 싶다고 말한다. 엄청난 성공과 부를 이루고 초고속 승진을 하는 것이 다가 아니다. 부모로서 그저 주어진 일을 성실하고 꾸준하게 수행하는 모습을 보여주면 된다. 아이는 부모의 삶이 '세상 사람들의 평균치'라고 생각한다. 누구보다 열심히 사는 부모의 모습을 본 아이들은 '자신이 본 평균치'를 따르며 똑같이 열심히 산다.

또한 아이는 부모가 열심히 일하는 모습을 보면 저절로 부모의 수고를 덜어주고 싶어 안달이 난다. 부모가 시키지 않아도 설거지를 하고 청소기를 돌린다. 부모가 일터에서 열심히 일하고 있을 때 아이도 스스로 주변을 챙기면서 주도적으로 성장하게 된다.

부모도 독립할 용기가 필요하다

요즘 태권도 학원에서는 인성교육을 프로그램에 넣어 운영하는 곳이 많다. 인성교육 중 특히 효를 강조한다. 우리 아이가 다니던 태권도 학원에서도 다양한 효도 과제를 내줬다. 그중에 '부모의 발을 씻겨주는 모습 촬영하기'가 있었다. 유치원생이었던 아이는 아빠 발을 씻겨주는 걸 놀이처럼 재미있어 했다.

"아빠 발가락이 이렇게 생겼구나. 그런데 발바닥 윗부분이 왜 이렇게 딱딱해?"

"응, 많이 걷고 서 있으면 굳은살이 생겨서 그래."

"그럼 아빠, 여기 많이 아프지는 않아?"

"응, 괜찮아."

짧은 시간이지만 잠시라도 아이가 부모의 삶을 생각해 보는 기회가 되었다. 태권도 학원을 다니지 않더라도 1년에 한 번쯤 연례행사로 가정에서 해보길 추천한다.

깔끔한 옷과 신발, 비싼 차, 좋은 집. 아이에겐 태어날 때부터 존재했던 것들이다. 그래서 그 가치를 아이는 알지 못한다. 부모가 신혼 시절 작은 전셋집부터 시작하여 이뤄낸 아파트라거나, 아직 다 갚지 못한 은행 빚의 부담감을 아이는 모른다.

그렇다면 아이를 키우는 내내 인내하고 기다리면 될까? 막연히 훗날 내 자식이 마음을 알아주고, 함께 살 거라 생각하는 부모가 있을까? 2023년 2월 한국보건사회연구원이 발표한 '2022년 한국복지패널 조사·분석 보고서'에 따르면 부모 부양의 책임이 자식에게 있다는 의견에 동의하는 비율이 고작 21.39%라고 한다. 국민 절반 가까이가 자녀는 부모 부양 의무가 없다는 데 동의한 셈이다. 미래의 아이들은 단지 의무감으로 부양하지 않을 것이다. 자기 마음과 다른 방식을 억지로 참고 따르거나 행하지 않을 것이다. 그렇지만 효가 사라질 수는 없다. 부모는 먼 훗날 어떠한 방식으로든 자식이 마음 편한 효도를 하도록 내버려둘 용기가 필요하다.

"내가 너를 어떻게 키웠는데!"

이런 말이 쉽게 입 밖으로 나오지 않게 단단히 마음먹어야 한다. 어른이 된 아이가 부모를 떠올렸을 때 편안하고 부담 없이 느껴야 한다. 부모가 돌봤기 때문에 훗날 자식이 부모를 돌봐야 한다는 의무감은 지우지 말아야 한다. 아득히 먼 미래보다 현재, 부모의 수고를 깨닫게 하는 것이 먼저다.

가족끼리 경주 여행 중 포스코 현장 견학을 간 적이 있다. 공장 내부의 거대하고 시뻘건 쇳덩어리들을 보며 우리는 놀라움을 금치 못했다. 견학을 다녀온 후 아이는 《철강왕 박태준》이라는 책을 찾아 읽으며 우리나라가 꽤 우수한 철강회사를 가졌다는 데 자부심을 느꼈다. 견학 기념품으로 받은 '시간이 흘러도 위대한 생각은 변하지 않습니다' 가 새겨진 스테인리스 자를 여전히 보물처럼 여긴다. 그런데 마침 같은 반에 포스코에 다니는 아빠를 둔 친구가 있었다. 아이는 신이 나서 포항제철소에 대해 말했지만, 정작 그 친구는 제철소를 가본 적이 없어 대화가 끊겼다고 한다. 그 이야기를 들으며 '회사에 다니는 아빠의 모습을 자식에게 보여줬으면 얼마나 좋았을까'라는 아쉬움이 남았다.

부모가 일하는 삶의 현장에 아이도 데려가길 권한다. 부모의 일터는 그 어떤 곳보다도 생생한 현장체험 학습장이다. 주말에 사무실에 나가 잔업을 처리할 때 아이와 동행해 보자. 일하는 공장에 아이를 견학시키자. 성실하게 최선을 다해 일하는 부모의 모습을 본 아이는 분명 열렬한 응원과 격려를 보낼 것이다. 부모의 일터에서 돌아온 후에는 아래 3가지 중 하나라도 질문하여 생각하는 시간을 갖게 하자.

1. 부모님의 직장에 가서 알게 된 사실은 무엇이니?

2. 부모님의 직장에서 느낀 점은 무엇이니?

3. 부모님의 직장에 다녀온 후 부모님께 하고 싶은 말은 무엇이니?

[정직]
곧은길로 가라

✦

정직은 가장 성공적인 삶의 기초이자 필수 조건이다.

- 조지 워싱턴George Washington

영어로 정직의 가치를 가장 잘 표현하는 단어가 있다. 바로 'straightforward'이다. 직역하면 곧게 가라는 뜻으로 솔직함을 나타낸다.

약국에서 시작해 청소기 제조업체를 운영하고, 현 메가스터디 엠베스트를 만든 김성오 사장. 평생 '정직'을 성실히 수행하며 큰 성공을 이룬 사람이다. 그의 베스트셀러 《육일약국 갑시다》에서는 정직하기 위한 금기사항 4가지가 나오는데, 그는 이를 철저히 지키며 살았다고 한다.

〈정직하기 위해 하지 말아야 할 4가지〉

1. 아닌 것을 맞다고 말하지 말 것

2. 맞는 것을 아니라고 말하지 말 것

3. 작은 것을 크게 과장하여 말하지 말 것

4. 큰 것을 축소하여 말하지 말 것

혼난다고 정직해지지 않는다

'정직하다'는 것은 '거짓말을 하지 않는다'는 말과도 같다. 한 번은 아이에게 친구가 했을 때 가장 싫은 행동이 무엇인지 물어봤다. 아이는 고민의 여지 없이 '거짓말하는 일'이라고 대답했다. 아무리 잘 맞는 친구라 해도 계속되는 거짓말로 신뢰를 잃으면 관계는 유지되지 않음을 초등학생인 우리 아이도 알고 있었다. 《탈무드》에서도 정직함은 때로 상처를 줄 수 있지만, 진정한 관계를 구축하는 유일한 방법이라고 강조한다.

대개 아이는 3~4세가 되면 거짓말을 시작한다. 그리고 정교하게 거짓의 기술이 늘어간다. 거짓말은 인간이 자신의 안위를 위해 만들어낸 자연스러운 욕구의 표현이다. 그러나 정직하지 못한 친구를 좋아하는 사람은 없다. 아이가 투명하고 맑으면 저절로 친구들이 모여든다. 반면에 어딘가 어둡고 의뭉스러우면 친구들은 조용히 뒷걸음질 친다. 거짓말을 잘하는 친구가 받게 되는 가장 큰 벌은 무엇일까? 앞으로 자신이 하는 말을 친구들이 무시하는 것이다. 그렇다면 아이가 정직해질 수 있는 방법은 어떻게 찾아야 할까?

어린 시절 거짓말을 처벌해도 효과는 미비하다는 흥미로운 연구 결과가 있다. 토론토대학교의 응용심리학과 이강Kang Lee 교수는 2014년 〈심리과학Psychological Science〉 온라인판에 '고전적인 도덕 이야기는 아이들의 정직함에 긍정적인 영향을 미치는가?Can classic moral stories promote honesty in children?'에 대한 연구 결과를 발표했다. 《피노키오》같은 고전적인 도덕 이야기는 아이들에게 거짓말의 결과와 정직의 미덕을 가르치기 위해 오랫동안 사용되었다. 그러나 아이러니하게도 정직을 가르치고자 동화를 고를 때는 거짓말쟁이를 처벌하는 이야기보다 '정직함을 칭찬받는 이야기'가 더 효과적이라는 사실이 밝혀졌다.

이렇듯 사회가 원하는 '정직'의 덕목을 가지려면 정직하게 행동했을 때 얻게 되는 '긍정적인 효과'를 강조해야 한다.

아이가 정직하지 못했을 때 혼내는 대신 '정직해서 잘된 이야기'를 찾아 아이에게 알려주면 좋다. 또한 아이가 거짓말을 했더라도 솔직하게 털어놓는다면 그 용기부터 칭찬해 준다. 이러한 긍정적인 경험들이 모여 정직하고 싶은 욕구를 만든다.

아이와의 약속을 지키기 위해 돼지를 잡은 증자

《한비자》 32편에는 공자의 제자 증자의 이야기가 나온다. 어느 날, 증자의 아내가 시장에 가려는데 아이가 따라가고 싶어 했다. 아내는 아이를 달래고자 이렇게 말했다. "집에서 얌전히 기다리렴. 돌아오면 돼지를 잡아줄게."

이 말에 아이는 울음을 그치고 집에서 엄마를 기다렸다. 그런데 아내가 시장에서 돌아오니, 증자가 시퍼런 칼로 돼지를 잡으려 하고 있었다. 깜짝 놀란 아내가 달려가서 말렸다. "당신 미쳤어요? 진짜 돼지를 잡으려 한 게 아니라 아이를 달래려고 속인 거예요."

그러자 증자는 이렇게 말했다. "아이들이란 아무것도 모르기 때문에 부모를 보고 따라 배우는 것이오. 지금 당신이 아이를 속이는 것은 아이에게 남을 속이도록 가르치는 것이오."

말을 마친 증자는 결국 돼지를 잡았다.

"이따가 놀아줄게." "나중에 사줄게."

아이는 부모의 약속을 당연히 이루어질 진실로 받아들이고 진심으로 그때를 기다린다. 그러나 오매불망 기다린 때가 와도 정작 부모는 쉽게 약속을 어기곤 한다. 아쉽게도 약속을 어기는 일은 반복된다.

그러나 아이와 한 약속을 가볍게 여기면 안 되는 이유가 있다. 자신을 실제와 다르게 포장하고 싶거나 실수를 숨기려는 거짓말의 유혹은 본능적으로 찾아온다. 정직을 배우지 못한 아이는 이때 작은 거짓말을 쉽게 한다. 그러나 거짓말은 친구들이 많다. 작은 거짓말은 더 큰 거짓말을 불러온다. 거짓말을 감추려면 계속 다른 거짓말로 덮어야 한다. 거대해진 거짓말은 아이가 스스로 감당하지 못한다. 작은 불씨를 보고도 대충 옷가지로 덮어 두고 모른 척하다가, 활활 불꽃이 타오르자 두꺼운 이불을 덮어 꺼보려는 꼴과 같다. 다 타버린 집을 멍하니 바라보듯, 타인의 신뢰를 잃은 아이의 허탈한 모습을 보는 일은 없어야 한다. 아이는 부모에게 신뢰를 얻어본 경험이 반드시 있어야 한다. 이를 통해 아이가 정직의 가치를 알고 실천한다는 사실을 명심하자.

정직할 기회를 주었는가

2016년 9월, 강원도 삼척의 한 고등학교에서 무감독 중간고사 시험을 치른다는 뉴스 기사를 본 적이 있다. 아이들에게 정직과 양심을 배우게 하려는 취지였다.

"양심의 1점은 부정의 100점보다 명예롭다."

학생들이 시험을 치르기 전 스스로 선서하는 내용이다. 감독 없는 시험을 통해 내면의 정직을 알아보는 계기가 되었다는 학생들의 후기가 눈에 띄었다.

한번 생각해 보자. 부모는 정작 아이에게 '정직할 기회'를 주었는지, 미리 아이가 정직하지 못할 것이라 의심부터 하진 않았는지 말이다. 만약 아이가 독서실을 다녀왔다고 하면 혹시 PC방을 갔는지 되묻지 않는 것처럼 언제든 '내 아이는 정직하다'라는 부모의 강한 믿음을 보여줘야 한다.

대학 졸업 후 회사에 다닐 때 알게 된 C는 참 열정적인 사람이었다. 그런 C의 부모님은 어릴 적 용돈을 요청하면 어떠한 질문도 없이 선뜻 내어주셨다고 한다. C의 집안은 풍족하지 않았다. 부모님 모두 맞벌이로, 작은 회사와 공장을 다니고 계셨다. 그런데 어느 날 불현듯 '우리 부모님은 나한테 관심이 없구나'라는 생각이 들기 시작했다고 한다. 아마 사춘기가 시작되는 즈음이었나 싶다. 부모님에 대한 C의 서운함은 곧장 지독한 원망으로 바뀌었다.

서서히 부모와의 관계가 서먹해짐을 느끼던 어느 날 밤. 늦게 퇴근하는 부모님을 기다리다 잠든 C는 인기척 소리에 잠에서 깼다. 부모님이 함께 잔업을 마친 회사 동료를 초대해 술잔을 기울이는 소리였다. 이때 C는 뜻밖의 이야기를 듣게 되었다. "C는 참 야무져요. 우리가 이렇게 바빠도 스스로 제 할 일을 하거든요. 그래서 C가 한다면 다 믿고 아예 터치하지 않아요."

바쁜 부모였지만 자신에 대한 믿음만은 강하다는 사실을 깨달은 순간이었다. 그 후 C는 어떻게 자랐을까? 흔한 잔소리마저 듣지 않고 자란 C는 스스로 공부해 서울의 중위권 대학에 들어갔다. 하지만 여기서 멈추지 않았다. 다시 열심히 공부해 SKY 대학교 중 한 곳으로 편입했다. 졸업 후에는 대기업의 엔지니어로 입사하여 사회생활을 시작했다. 하지만 생각보다 업무 강도가 세고 주말도 보장되지 않았다.

"내가 이러려고 열심히 공부했나?" 이런 푸념을 늘어놓는 동기들 속에서도 C는 눈에 띄게 다른 모습을 보였다. 성실히 일하며 영어 학원까지 다녔다. 밤낮이 바뀌는 교대근무와 극한 스케줄 속에서도 자기 계발을 멈추지 않았다. "방진복 입고 걸으면서 자본 적 있어? 내가 이게 된다." C가 한 말이다. 내가 회사를 그만둔 후 경찰 시험에 합격했을 즈음, C 역시 그간 공부한 것을 토대로 당시 꿈의 기업이라 칭하던 공기업으로 이직했다는 소식이 들려왔다.

아이였던 C는 여름철 나무처럼 무럭무럭 성장했다. 끝

없이 가지를 뻗고 잎사귀가 늘어갔다. 값비싼 영양제 하나 없이 태양 같은 '부모의 존재'와 물 같은 '믿음', 바람 같은 '자유'만 꾸준히 줬을 뿐이었다.

정직하려면 부모의 절대적인 믿음이 필요하다. 믿음 속에서 진실의 가치를 깨달은 아이는 다른 사람에게도 믿음을 준다. 솔직하게 행동하며 다른 사람을 존중하고 배려하는 법을 배운다. 정직한 아이는 문제를 해결할 때 진실을 바탕으로 현실적이고 효과적인 결정을 내리는 능력을 기르게 된다. 더하지도, 빼지도 않는 담백한 결정을 하는 사람으로 자란다.

《논어》 중에 이런 문구가 있다. "정직은 옳으면 옳다 하고, 그르면 그르다고 하며, 있으면 있다 하고, 없으면 없다 하는 것이다."

순간의 감정에
휘둘리지 않는 아이

✦

한순간의 분함을 참으면 백날의 근심을 면할 수 있다.

- 《명심보감》

찰나를 대하는 자세

주간 근무 중 유난히 조용한 어느 오전 시간이었다. 관내 상황판에 CODE-0 신고가 떨어졌다. '중학교 복도에서 여학생이 남학생의 칼에 찔렸다'라는 신고 내용이었다. 신고자 목소리를 들어보니 중학교 선생님으로 추측됐다. 워낙 위험해 보이는 상황이라 타 관내임에도 마음이 초조해졌다. 나는 출동한 지구대 직원의 무전 소리에 귀를 기울였다. 경찰이 중학교에 도착해 보니 칼로 찌른 남학생은 이미 학교에서 도망친 상태였다. 여학생은 신속히 병원으로 이송됐다. 여학생의 부상이 심하진 않은지 걱정되는 한편, 아직 판단력이 흐린 남학생의 상태가 신경 쓰였다. 경찰은 신속히 남학생의 주소지인 학교 근처 아파트로 찾아갔다. 그러나 안타깝게도 남학생은 이미 고층에서 투신하여 유명을 달리한 상태였다. 현장에서 부모가 오열하는 모습을 함께 본 동료는 그때의 비극을 아직까지도 잊지 못한다.

평범한 아침 일상을 시작하며 부모는 일터로, 아이는 학교로 향했을 것이다. 그러나 불과 몇 시간 뒤 사랑하는 아이가 주검이 되어 돌아왔다. 부모가 느끼는 슬픔의 크기를 감히 누가 가늠이나 할 수 있을까. 한순간 사라져버린 어린 목숨의 명복을 빌어줄 뿐이었다. 아이를 휘감은 순간의 두려움은 매우 컸으리라. 눈앞에 닥친 어려움을 혼자 감내하는 게 쉽지 않았을지도 모른다. 순간적으로 벌어진 일을 피하려는 충동이 빚어낸 참극이었다.

우리는 매일을 살지만 결국은 매 순간을 살아가는 것과 같다. 순간이 모여 하루가 되고 매일이 되며 나이를 먹어간다. 순간마다 직면하는 문제들을 안고 해결하고 극복해

나간다. 순탄하게 해결하는 날도 있지만, 그렇지 못한 날도 많다. 순간을 정복한다면 결국 삶 전부를 정복하는 승자가 될 것이다. 아이에게는 순간의 고통을 이겨낼 수 있는 능력이 필요하다.

경찰서에 조사를 받으러 오는 사건 대부분은 명예훼손, 모욕, 상해, 폭행 등 갑작스럽게 생긴 일이다. 이런 범죄를 저지른 사람들은 나쁜 마음을 먹고 작정해서 사고를 치는 경우가 드물다. 평범하고 선량한 소시민이 다수다. 단지 순간을 참지 못해 저지른 행동이 범죄경력을 만든다. 때에 따라 범죄경력은 살아가며 뜻하지 않은 많은 제약을 가져온다.

"아이 씨, 개좋아!" "개짜증나!"

요즘 아이들은 언제 어디서든지 자신의 감정 표현에 솔직하다. 자신의 감정을 적극적으로 표현하는 것에 익숙하다. 당장 좋은 것, 싫은 것에 대한 감정을 숨기거나 참지 않는다. '참으면 바보 된다'라는 생각이 만연한 세상이다. 그러나 역설적이게도 쉽게 짜증이나 화를 내는 이를 좋아하는 사람은 없다. 불편한 감정이 전이되는 것을 손 저으며 거부한다. 아직 사회는 자기 감정에 솔직한 사람을 색깔이

튄다는 이유로 꺼린다.

그렇다면 인내하는 능력을 가진 아이는 어떻게 자랐을까? 학교에서 지루한 수업을 참아내고 바른 자세로 집중하는 아이, 친구들과의 갈등에서도 차분히 상황을 정리하는 아이의 비결은 무엇일까?

아이의 참을성이 생기는 순간

"엄마, 아이스크림 먹고 싶어요."

무더운 여름, 길을 걷던 아이가 말했다. 나 역시 시원한 아이스크림 생각을 하니 얼른 사 먹고 싶어졌다. 그러나 생각을 고쳐 말했다. "조금만 참았다가 집에 가서 냉장고에 있는 시원한 수박 먹자."

사실 아이가 어릴 때는 원하는 것을 말하면 곧바로 대령하며 살았다. 그러자 곧 '대령 부작용'이 생겼다. 아이는 목이 마르지 않아도 주스가 보이면 원했다. 마지못해 사주면한 모금도 채 먹지 않고 버려지곤 했다. 그래서 아이가 무엇을 원하든 '진짜인 상태'가 될 때까지 쉽게 허락하지 않기로 결심했다.

목이 말라도 순간을 참아냈던 경험이 쌓일수록 아이가 알게 되는 게 있다. 바로 '참아도 괜찮구나'라는 당연한 사실이다. 참음으로써 2,000원이란 돈까지 얻는다는 것도 알게 된다. 뉴스에서는 연일 비싼 물가를 걱정하며 안정 대책 마련이 시급하다고 보도한다. 그러나 아이들에게는 딴 세상 얘기일 뿐이다. 아이들은 물건의 금액 따위는 아랑곳하지 않고 편의점을 내 집같이 드나들곤 한다. 작은 돈이라도 쓸 때 고민하는 경험이 필요하다. 적은 돈을 아껴 목돈 만들기는 이미 가르친 부모들이 많을 것이다. 그러나 평소 몇천 원 따위는 쉽게 허락하며 삭은 돈의 가치를 폄하하는 경우를 자주 보았다. 돈의 가치를 아는 아이는 쉽게 소비하지 않고 기특하게 참을 줄 안다.

순간을 지배하는 것은 상황을 완전히 통제할 힘이 있다는 말이다. 순간마다 최선의 결정을 내려본 아이는 자신의 삶 전체를 지배하고 제어하는 능력이 생긴다. 이 얼마나 만족스러운 능력인가!

TIP) 아이의 참을성을 높이기 위한 3가지 방법

가정에서 참을성 있는 아이로 키우는 데 효과를 본 소소한 방법들을 소개하고자 한다.

방법 1. 주변에서 긍정적인 피드백을 준다

아이는 일상에서 인내를 함으로써 얻어지는 것들에 주목하게 된다. 주변인의 신뢰와 인정을 통해 스스로 자긍심이 생기고, 인내의 대가가 사탕처럼 달콤하단 사실을 알게 된다. 사람은 긍정적인 경험을 하면 다시 하고 싶어진다. 좋은 기분을 또 느끼고 싶은 욕구 때문이다.

방법 2. 지연된 보상을 자주 경험하게 한다

위의 아이스크림 사례처럼 지연된 보상의 경험을 주기적으로 훈련한다. 훈련을 통해 인내하는 습관이 들고, 참을성이 높은 아이로 자라게 된다. 직접 경험하며 얻은 습관은 쉬이 사라지지 않는다. 참을성이 높은 아이는 주변의 신뢰를 받고 결국 원하는 것을 얻어낼 것이다.

방법 3. 부정적인 감정을 직시하게 한다

아이들에게 부정적인 감정이 생겼을 때 이를 인식하도록 알려준다. 누구나 부정적인 감정이 생길 수 있고, 그 감정이 오래가지 않을 거라고 안심시켜 준다. 파도같이 밀려오는 나쁜 감정에 휩쓸리지 않고 고요해질 때까지 잠시 바라볼 줄 아는 지혜를 길러준다. 그렇게 아이는 스스로 통제하는 방법을 배워나간다.

위기 앞에서도
웃을 수 있는 능력

✦

비관주의자는 모든 기회 속에서 어려움을 보고,
낙관주의자는 모든 어려움 속에서 기회를 본다.

- 윈스턴 처칠Winston Churchill

역경을 만날수록 더 강해지는 힘

나쁜 소문에 휩쓸려 사람들에게 오해를 사게 된 회사 선배가 있었다. 힘들어할 줄 알았던 선배는 뜻밖에도 이런 말을 했다. "왜 안 오나 했네. 이제 올 때가 됐다 싶었는데 말이지."

그리고 이어 말했다. "삶이 계속 행복해도 우울할 거야. 행복만 좇다가 결국은 마약도 한다잖아. 힘든 일이 찾아와 줘야 '아! 예전 평온한 삶이 행복했구나' 하고 알 수 있지."

미국의 폴 스톨츠Paul Stoltz 박사는 그의 저서 《위기대처
능력 AQ》에서 '역경지수'라는 개념을 처음 제시했다. 역경
과 스트레스에 대응하는 능력, 즉 역경지수가 높을수록 성
공하게 된다는 것이다. 역경 앞에 긍정적인 사람은 오히려
능력을 발휘한다. 역경에 굴하지 않고 끝까지 도전해 목표
를 성취한다. 그렇게 긍정적인 사람은 누구보다 성공의 길
에 바짝 다가간다.

인간이 태어나는 순간부터 스스로 결정할 수 없는 일이
있다. 바로 각종 희로애락과 생로병사다. 긍정적인 사람은
이러한 역경을 겸허히 받아들일 줄 안다. 반기지는 못해도
뿌리치거나 문을 잠그려고 애쓰지 않는다. 그렇게 역경에
대한 스트레스를 줄여가며 대응하는 능력치를 올려놓는
다. 역경지수가 높은 사람은 삶의 고수가 되어간다.

내 능력을 의심하지 않는다

무슨 일이든 시작 전에 걱정부터 앞서는 사람이 있다.
"내가 잘할 수 있을까?" "안 되면 그땐 어떻게 하지?"

불안과 걱정 속, 되는 이유보다 안 되는 이유가 더 많다. 부정적인 상황을 줄줄 읊는 걸 보면 도대체 시작을 하고 싶다는 건지, 안 하고 싶다는 건지 헷갈릴 정도다.

긍정적인 아이를 위해 필요한 단 2가지를 말하라면 '자신감' 그리고 '자존감'을 들고 싶다. 긍정적인 사람은 자존감이 높다. 스스로를 좋게 평가하는 게 느껴진다. 사람들이 자신을 좋아한다고 여기고 그들의 기대에 어긋나지 않는 멋진 사람으로 산다.

함부로 비난하지 않는다

긍정적인 행동 뒤에는 오랜 시간 주변의 사랑을 듬뿍 받은 경험이 있기 마련이다. 긍정적인 아이로 키우기 위해서는 무엇보다 가까운 가족과 부모가 기대하는 마음을 내려놓는 일이 필요하다.

대치역 8번 출구 앞 스타벅스는 항상 사람들로 붐빈다. 특히 오후에는 아이와 엄마 고객이 많다. 다음에 갈 학원 가방을 바꿔주거나, 간식을 챙기기 위함이다. 약속이 있어

지인을 기다리던 그날도 옆자리에 아이 가방을 든 엄마가 앉아 있었다. 잠시 후 초등학생 아이가 올라왔다. 아이가 앉자마자 엄마는 작정한 듯 레벨테스트 결과지를 꺼냈다. 아마 원하는 레벨 점수가 나오지 못한 모양이었다. 엄마는 결과를 보며 아이를 나무랐다. 아이는 혼나면서도 바로 옆의 나를 의식한 듯 개미 같은 목소리로 "잘못했어요"라는 말만 되풀이했다. '잘못했다'라는 것은 '잘하지 못함'에 대해 하는 말이다. 공부한 후 확인하는 테스트 결과가 그렇게까지 잘못한 일이고, 공개적인 자리에서 사과까지 할 일인지 의문스러웠다.

이렇듯 부모는 자신도 모르는 사이, 기대치에 못 미치는 아이에게 비난과 상처를 준다. 아이에게 많은 것을 해주지만 그만큼 되돌려받기를 바라는 욕심 때문이다. 부모는 가성비를 따지는 상인이 되어서는 안 된다. 세상엔 공들인 정성이 돌아오지 못하는 경우가 더 많다.

노량진 수험생 시절에 5년째 여경 공부를 하던 언니가 있었다. 열심히 공부했지만 공무원 시험에 떨어질 수 있다. 내 고향 친구는 열심히 자격증을 따서 네일아트 가게를 열었다. 그러나 건강이 나빠져 문을 닫을 수밖에 없었다. 옆에서 지켜본 두 사람 모두 놀고먹지 않았다. 분명 있는 힘껏 최선을 다했다. 단지 방법이 서툴고, 사정이 있었을 뿐이다. 과정조차 확인하지 않고 결과 하나로 돌팔매질을 하는 부모가 되지 말자. 지금 아이에게 해주는 모든 일이 100점짜리라고 어디서 확실한 보증이라도 받았는가? 부모의 생각이 최상이란 믿음으로 해준 것들 중에서도 분명 부족한 점은 존재할 수 있다. 그러한 결점은 무시하고 오로지 부모가 잘해준 만큼 아이가 따라오지 못한다고 비난하면 안 된다.

우리는 부모에게 완벽하고 훌륭한 자녀였을까? 비록 그렇지 못했다고 대답할지언정, 우리 곁엔 무한한 애정으로 키워준 부모가 있었다는 사실은 부정하지 못할 것이다. 나쁜 사람이 되지 않고, 평범하지만 온전한 삶을 살고 있는 지금을 감사할 줄 알아야 한다.

'내리사랑'이라 했다. 자식을 사랑하는 일은 시키지 않아도 저절로 된다. 대신 필요한 만큼만 적당히 하자. 과하게 하다 힘 빼지 말자. 온몸 던져 아이에게 희생했던 생각이 들지 않게 해야 한다. 덜 주자. 덜 주면 안 받아도 그만인 마음이 든다. '희생'이란 단어가 떠오르는 순간, 사랑과 더

붙어 아이를 대차게 비난하고 미워하는 감정이 샘솟는다.

이제 눈치챘는가? 긍정적인 아이로 키우는 일의 시작은 바로 비난하지 않는 것이다.

남이 알아주지 않아도 좋아

✦

자신의 부족한 점을 더 많이 부끄러워할 줄 아는 이는
더 존경받을 가치가 있는 사람이다.

- 조지 버나드 쇼George Bernard Shaw

결국 겸손한 아이가 인정받는 이유

《주역》에 '지중유산地中有山'이라는 말이 있다. 땅속에 거대한 산이 박혀 있는 모습을 뜻한다. 겉으로는 평평한 땅으로 보이지만 그 속에 거대한 산이 존재할 수도 있다는 말이다. 눈에 보이는 높은 산만이 대단하고, 낮은 땅은 만만하게 여기면 안 된다는 의미를 담고 있다. 유명한 연예인, 인플루언서, 성공한 사업가 등을 보면 처음에는 호기심이 생긴다. 그들은 가지고 있는 매력과 재력을 가감 없이 드러낸다. 그런데 시간이 지나면 어떨까? 처음과 달리 그들의 매력이 시들해지는 순간이 찾아온다. 모든 게 뻔해 보여 기대감이 사라지기 때문이다.

오래가는 부류는 따로 있다. 우연히 평범하다 여긴 사람에게 생각지도 못한 매력을 발견하면 사람들은 열광한다. 그들은 먼저 뽐내지도, 나서지도 않는다. 하지만 조용히 뿜어져 나오는 매력의 향을 사람들이 맡게 된다. 아이작 뉴턴은 사과나무를 보며 만유인력의 법칙을 알아냈다. 그는 이렇게 말했다. "내가 더 멀리 볼 수 있었던 것은 거인의 어깨 위에 올라서 있었기 때문이다." 엄청난 업적을 남겼음에도 순수한 아이 같은 겸손이 돋보인다. 이처럼 큰 능력을 지녔다 해도 잘난 척과 인정은 한 끗 차이다. 아이가 스스로 자랑하면 잘난 척이 되고, 아이가 어떠한 말을 하지 않아도 결국 누군가는 아이의 능력을 먼저 알아본다.

제대로 겸손하는 방법

"왼손이 한 일을 오른손이 모르게 하라."

어릴 적부터 자주 듣던 이 속담은 이제 무색해졌다. 지금은 자기 PR이 미덕인 세상이다. 왼손이 한 일을 오른손은 당연히 안다. 게다가 왼손이 한 일이 무엇인지 조목조목 따져 늘어놓는다. 최대한 눈에 띄고 화려하게 포장하여 전국 방방곡곡 알린다. 지난 세월 지나친 겸손 때문에 제대로 누리지 못한 것들을 이제라도 만회하려는 느낌이다. 겸손이 미덕이라는 말은 이제 빛바랜 사진 같다.

그럼에도 불구하고 아이에게 겸손을 가르치는 일이 필요하다. 우리 선조들이 한결같이 겸손을 강조한 데에는 분명한 이유가 있기 때문이다.

관계에서 자신을 낮추라는 의미가 아니다. 원래 사람은 타인 앞에 우월하게 보이고 싶어 한다. 대뜸 자신을 낮추라고 하면 맞장구칠 사람은 드물다.

〈성균웹진〉 480호에는 고재석 교수의 '제대로 겸손하기'라는 글이 실렸다. 고재석 교수는 '겸손'을 이렇게 설명했다. "흔히 겸손이라 하면, 형식적으로 자신을 낮추거나 자신의 좋은 모습을 감추는 태도를 떠올리곤 한다. 겸손의 의미는 그것이 아니다. '과장되어 넘쳐나는 것을 덜어내고, 부족하여 모자란 것을 메워주는 태도'가 겸손인 것이다."

학교와 학원 수업을 마치고 돌아온 우리 아이. 저녁 식사를 하고 숙제를 마친 후, 침대에 고된 몸을 누이면 곧바로 잠이 든다. 삶의 여유가 없는 아이의 하루를 묘사하자니 참으로 단순하기만 하다. 여기서 잠깐, 단 5분이란 작은 틈을 만들어보자. 잠시 5분의 시간 동안 아이가 할 일이 있다. 바로 하루를 돌아보며 겸손하게 보냈는지 스스로 살피는 질문을 해보는 것이다.

아이에게 '제대로 겸손하는 방법'을 알려주고, 스스로 이 2가지를 체크하며 돌아보게 하자.

1. 과한 것을 덜어내기 : 친구들에게 나를 과대 포장해서 말한 적이 있는가?
2. 부족한 것을 메우기 : 겸손하지 못한 점을 깨닫고 채우고자 노력했는가?

《겸손의 힘》 저자 대릴 반 통게렌Daryl Van Tongeren은 겸손을 갖추려면 '자기객관화, 자기조절, 이타성'이 3가지부터 갖추라고 말한다. 부모 역시 직장에서뿐만 아니라, 당장 집에서도 겸손한 사람이었는지 '자기객관화'할 수 있어야 한다.

아이가 "엄마, 왜 표정이 안 좋아? 무슨 일 있어?"라고 묻는다면 아이와 가족 앞에서 자신을 통제하지 못한 것이다. 이 역시 겸손과는 거리가 있다. 통제하지 못한 점을 깨닫고 '자기조절' 하고자 노력해야 한다.

"우리 아이가 학교 가서 자랑했어요" "아이 친구들이 부러워했대요"라는 인터넷쇼핑 후기를 종종 본다. 부모가 아이의 자랑을 내심 기대하며 학교에 보내는 것이 과연 올바른 행동일까? 또는 시험에서 100점을 맞은 아이가 친구들에게 자기 점수를 자랑한다면 어떨까? 자랑을 듣는 아이들 대부분이 100점보다 낮은 점수를 받았을 것이다. 자신의 점수와 비교되는 100점이란 점수는 상대방의 감정을 상하게 만든다. 아마 친구 몇 명은 시기와 질투까지 느낄 것이다. '이타성'을 지니지 못한 아이는 겸손함을 모르는 것이다. 겸손은 타인을 헤아리는 마음이다. 매번 우리 아이만 우월할 수는 없다. 겸손하지 못한 자랑에 상처받는 상대편의 마음도 짐작하게 하자. 상처를 주지도, 받지도 않는 우리 아이들이어야 한다.

유리멘탈에서
콘크리트멘탈로

✦

내게 일어나는 모든 일을 통제하지는 못한다.
하지만 그 일로 약해지지 않겠다는 결단을 내릴 수는 있다.

- 마야 안젤루Maya Angelou

쉽게 무너지지 않는 멘탈 관리법

유리멘탈부터 쿠크다스멘탈까지, 사람들은 앞다투어 자신의 여리고 약한 멘탈에 대해 강조한다. 덕분에 어른의 멘탈 관리에 관한 책과 영상이 수없이 쏟아지고 있다. 이미 딱딱하게 굳어진 어른의 멘탈은 쉽게 바뀌지 못한다. 그러나 아직 말랑말랑 찰흙 같은 아이의 멘탈은 얼마든지 바뀔 수 있다. 지금부터라도 아이의 멘탈 관리를 위해 어떤 노력이 필요할까?

1. 수많은 경험을 해야 한다

인생에는 좋은 날뿐 아니라 나쁜 날도 있다. 노력과 상관없이 운수 좋은 날과 운수 없는 날도 존재한다. 이래도 저래도 막을 수 없는 일이라면 미리 아이가 다양하게 덤벼보기를 권한다. 성공과 실패를 경험하며 아이는 두려움을 극복하고 발전한다. 아이에게 지금껏 부모의 삶이 평온했다고 자랑하지 말자. 아인슈타인은 이렇게 말했다. "한 번도 실수하지 않은 사람은 새로운 것을 시도한 적이 없는 사람이다."

내 동생은 젊은 시절 당구장을 운영했다. 그러나 곧 불이 나서 문을 닫았다. 그 후 주점, 치킨집, 국숫집, 출장세차, 에어컨 설치 등 수없이 덤비고 망했다. 그렇지만 동생은 현실에 굴하지 않았다. 돈이 떨어지면 대출을 받아서 꾸역꾸역 사업자금을 마련했다. 손수 매장 이름을 짓고 자리를 알아봤다. 상권 유동인구 파악을 위해 상가 앞에 차를 대고 밤을 새우며 지켜봤다. 또 직접 공장에 찾아가 소스 배합을 배우고 개발했다. 폭설이 오는 날에는 대신 오토바이 배달을 하다 크게 다치기도 했다. 사업이 기울면 낮에는 일을 하고 새벽에는 쿠팡 배달과 대리운전을 나갔다. 잦은 실패 속에 포기할 법도 한데, 매번 머리를 쳐들고 벌떡 일어났다.

40대가 된 지금, 동생은 27개의 포차를 운영 중이다. 전국에서 창업 문의가 빗발친다. 그 덕에 하루 3시간씩 자고 전국을 활보하며 바삐 살고 있다. 20대와 30대를 그 누구보다 치열하게 보낸 동생은 이제 상권분석, 프랜차이즈, 경영 분야에서 누구도 따라올 수 없는 엄청난 전문가가 되었다. 책으로 배운 것은 하나도 없었다. 그저 몸으로 직접 부딪치고 이겨내며 강한 멘탈을 가진 사람으로 성장했다. 동생이 말했다. "새로운 시도를 하는 것은 늘 두렵지. 하지만 진정한 꿈 앞에선 두려움조차 두렵지 않아."

2. 부모는 무조건 아이 편이어야 한다

폭력과 갖은 학대에 시달린 아이들에게 없는 한 가지가 있다. 바로 편안함이다. 이유 없이 눈치를 보고 상대방의 배려에도 안절부절못하는 모습을 보인다. 불안한 아이의 감정은 결국 친구도 함께 느낀다. 본능적으로 인간은 편안한 상대에게 끌리는 법이다. 마주할 때마다 왠지 모르게 불편한 마음이 드는 친구 곁에 남고 싶어 하는 아이는 아무도 없다.

부모의 강한 믿음과 응원을 받은 아이는 여유가 넘친다. 심리적 안정감이 만들어졌기 때문이다. 아이가 "우리 아빠, 엄마는 무조건 내 편이야"라는 말을 한다면 불안함 따위는 쉽게 물리칠 에너지가 '완충'되어 있다는 뜻이다.

3. 삶을 긍정적으로 바라보게 한다

아이들과 해외여행을 갔을 때, 6시간 넘게 버스를 탄 적이 있었다. 긴 승차시간 때문에 허리가 아프고 좀이 쑤셨다.

"도대체 얼마나 더 가야 도착하는 거야?" 아이들은 수차례 도착시간을 묻고 힘들어했다. 자연스레 우리는 말수가 줄어들었다. 오지 않는 잠을 애써 청하기도 하며 겨우 버티고 있었다. 그런데 우리 옆자리에 앉은 부부의 대화 소리가 들렸다.

"와, 한국에서는 못 볼 진풍경이네. 멋지다."

연신 감탄을 하고 창밖 풍경 사진을 찍었다. 이뿐만이 아니었다. 오늘 점심 식사가 부실하진 않았냐는 가이드의 질문에 허허 웃으며 이렇게 대답했다. "여행이 불편할 수도 있지 어떻게 다 내 마음에 들겠어요. 이 정도면 훌륭합니다."

그 부부는 진정 여행 자체를 즐기고 있었다. 문득 '나는 왜 버티려고만 했을까?'라는 생각이 들었다. 같은 상황을 겪는 사람 사이에도 감정의 온도는 다르다. 긍정적인 태도를 지닌 사람은 남들이 '여기가 지옥'이라 말해도 심각하게 느끼지 않는다. 지옥 속에서도 신기하거나 예쁜 것을 찾아내는 눈을 갖고 있다. 세상을 즐겁게 바라보는 능력이 있는 것이다. 긍정적인 사람은 애써 멘탈을 붙잡는 노력을 하지 않는다. 있는 그대로, 자신의 감정을 섞지 않고 현상 그대로 받아들일 뿐이다. 그들은 힘든 순간일지라도 '괜찮다고 느끼면 결국은 괜찮아진다'라는 사실을 제대로 알고 있었다.

어느 날이었다. 아이가 종이비행기를 접더니 내 앞에서 날리며 말했다. "비행기 멋있게 착륙하지?"

내 눈에는 분명 바닥에 내리꽂히는 추락으로 보였지만, 아이 눈에는 멋있는 착륙이었다.

손힘찬 작가가 쓴 《나는 나답게 살기로 했다》라는 책에 이런 말이 나온다. "진정한 긍정은 있는 것을 그대로 받아들이며 옳다고 믿는 것, 더 나아가서 좋게 평가할 줄 아는 걸 뜻한다. 한마디로 비관적으로 생각할 일 속에서도 특정한 관점을 발견하는 것이다. 생각이 바뀌는 순간에 긍정은 시작된다."

아이의 불안을 낮추는 마법의 문장

한번은 업무방해 신고를 받고 심리치료 병원에 출동한 적이 있다. 작은 분쟁이어서 다행히 금방 신고가 마무리됐다. 그런데 병원을 둘러보니 대기환자 대부분이 아이들이었다. 알고 보니 그 병원은 ADHD 치료로 엄마들 사이에 입소문이 난 곳이었다. 아이에게 어떠한 질병이 생겼을 때 신속히 치료받아 해결하고 싶은 부모 마음은 충분히 이해가 간다. 그러나 치료받을 아이가 병원 밖 복도까지 대기할 정도로 많다는 점은 의문으로 남았다.

첫째 아이는 태어날 때부터 예민한 기질을 가졌다. 그래서 우리 부부에겐 육아의 전 과정이 마치 하나의 관문처럼 느껴졌다. 아이는 수면교육, 배변교육 같은 신체와 환경의 변화에 과도한 예민함을 보였다. 변화의 두려움은 아이의 온몸으로 표현됐다. 땀을 뻘뻘 흘리고 자지러지게 울며 변화를 일절 거부했다. 첫째 아이가 돌이 됐을 즈음, 울산 고모 집에서 하룻밤을 묵고 온 적이 있다. 낮에 생글생글 웃으며 잘 놀던 아이는 역시나 밤이 되자 소리 내어 울고 쉽게 잠들지 못했다. 새벽까지 울음이 이어지자 결국 우리 부부는 아이를 차에 태워 밖으로 나왔다. 새벽 3시, 알지도 못하는 울산 시내를 1시간 정도 빙빙 돌았다. 그제야 아이는 잠이 들었다.

아이가 불안함을 호소할 때마다 우리는 난감해하며 방법을 찾지 못했다. 그저 아이와 같이 힘들어할 뿐이었다. 그러다 다양한 육아 서적을 접하면서 불안한 아이를 위한 해결책에 눈을 떴다.

1. "그럴 수 있어."
2. "별거 아니었지?"

위 마법의 문장 2개를 사용하며 매 상황의 두려움을 낮추는 연습을 하는 것이다. 방법은 다음과 같다. 아이가 불안감을 느낄 때 "그럴 수 있어"라며 현재 느끼는 감정이 당연하다고 알려준다. 상황을 예상하며 미리 불안에 떠는 아이의 마음에 공감하는 것이다. 불안한 아이일수록 유난을 떤다며 다그치지 않아야 한다. 다음으로, 직접 상황을 겪어본 후 아이의 예상과 달리 아무런 이상이 없다는 말을 해준다. "별거 아니었지?" 결과에 대한 재확인의 말이다.

제주도로 가는 생애 첫 비행기를 타는 날, 아이는 수도 없이 화장실을 들락거렸다. 그때 아이에게 이렇게 말했다. "그럴 수 있어. 엄마도 처음엔 무서웠어. 그런데 말이야, TV에서 전문가가 말해줬는데 비행기 사고 확률은 100만분의 1 수준이라 자동차보다 안전하대."

비행기를 타고 목적지에 안전하게 착륙한 후에는 이렇게 말했다. "기장님이 운전을 잘하신다. 비행기 타는 거 별거 아니었구나. 그치?"

몇 년이 지난 지금 아이는 어떨까? 13시간이나 되는 긴 비행시간도 불평하지 않고 여행을 즐긴다. 자신의 방처럼 책을 읽고 영화를 보다 잠이 든다.

유독 불안함을 보이는 아이라 할지라도 어릴 적 그대로, 늘 같은 상태로 머물러 있는 것은 아니다. 단지 기대가 만들어낸 조급함이 부모를 힘들게 한 것은 아닐까? 성급하게 판단하고 빨리 해결하려는 조급함을 내려놓았으면 좋겠다. 병원에 가는 것보다 중요한 처방은 아이 마음부터 알아보는 일이다. 아이에게 충분한 연습을 시켰다면 결과는 잠시 보류하자. 똑똑한 컴퓨터도 로딩 시간이 있다. 아이가 안정되는 순간이 오면 기다림의 끝이 보일 것이다. 부모가 조망적 시선을 가지면 아이의 안정감은 저절로 따라온다.

어릴 적 봉사활동이
중요한 이유

✦

다른 사람에 대한 봉사는,
당신이 이 지구에서 세 들어 살며 지불하는 임대료입니다.
- 무하마드 알리Muhammad Ali

도움이 필요한 곳은 어디에든 있다

평소 아이에게 가치소비와 물질소비에 대해 묻곤 한다. 어떻게 하면 아이가 삶을 가치 있게 살아갈 수 있을까 고민하게 만들기 위한 의도된 질문이었다. 그리고 여윳돈이 생긴다면 아이에게 결정권을 준다. "장난감을 살까, 여행을 갈까?" 아이는 고민 없이 가치에 투자한다. 바로 '여행'이다.

가족 여행을 가면 우리가 하는 일들이 있다. 신나게 놀고 난 후 우리가 버린 쓰레기뿐 아니라 남들이 버린 쓰레기까지 줍는다. '봉사 여행'이라고 칭할 수도 있겠다. 쓰레기를 버리지 말라고 백번 말하는 것은 아무 소용이 없다. 남들이 버린 쓰레기를 줍는 일은 상상 이상으로 아이의 사고를 바꿔놓는 계기가 된다. 동네에서 놀다가도 늘 쓰레기를 줍다 보니 쓰레기통이 어디 있는지 죄다 꿰고 있을 정도다.

시작은 단순했다. 아이와 대천 해수욕장에 놀러 갔을 때였다. 해수욕장 주변에 잔뜩 널브러진 쓰레기로 눈살이 찌푸려졌다. 이대로 놔두면 쓰레기는 다시 바다로 휩쓸려 가서 결국 환경을 오염시킬 게 뻔했다. 우리는 마침 들고 있던 비닐봉지에 쓰레기를 담기 시작했다. 무슨 미션처럼 보였는지 둘째도 열심히 따라 줍기 시작했다. 잠시뿐인데도 검정 비닐봉지가 가득 차 더 담지 못하고 돌아왔다. 그리고 그때가 시발점이 되었다.

'초등 봉사활동'으로 인터넷 검색을 하면 초등학생도 가능한 봉사활동 장소는 나오지 않는다. 대부분의 봉사활동 사이트가 중학생 이상만 할 수 있도록 되어 있기 때문이다. 하지만 봉사가 꼭 정해진 업체를 통해서만 해야 하는 일은 아니라고 생각한다. 단순하게 보면 자신이 살고 있는 마을 주변을 깨끗이 하는 것도 봉사다. 마을 주변을 깨끗이 함으로써 주민들에게 행복을 안겨주는 일도 봉사의 한 면이다. 당장 아이와 함께 집 주변 공원이나 산책로 등에서 쓰레기를 줍는 일부터 해보는 건 어떨까?

우리 아파트에 사는 어떤 여성은 아예 긴 스테인리스 집게를 들고, 같은 시간에 놀이터에 나타난다. 아이들이 버린 쓰레기들을 줍고 무성해진 잡초도 손수 뜯는다. 지속적인 봉사활동을 보며 그의 인품에 감탄하곤 한다. 현재 경찰서는 학생 봉사활동을 받지 않는다. 그런데도 내신 점수에 상관없이 봉사활동을 하고자 파출소에 초등학생 2명이 찾아와서 놀란 적이 있다. 생각보다 봉사에 관심 있는 아이들이 많다는 걸 그때 깨달았다. 평소 부모가 몸소 실천하는 모습을 보이면 아이들은 당연한 일로 받아들이게 된다. 아마 파출소를 찾아온 아이들의 부모님도 봉사가 생활화되어 있는 분이실 거란 생각이 든다.

지인의 아이 B는 올해 초등학교 1학년에 입학했다. 그런데 어느 때부터인지 학교와 학원을 거쳐 돌아온 B의 가방

속에는 전단지가 잔뜩 들어 있었다. 거의 매일 음식점, 피트니스센터, 학원 등 다양한 전단지가 들어 있었다. "왜 계속 전단지를 받아오니?"라는 질문에 B는 이렇게 대답했다고 한다.

"엄마가 전단지를 돌리시는 할머니는 전단지를 다 나눠 줘야 집에 가신다고 말했잖아요. 그래서 엄마처럼 받아왔어요. 전단지를 안 주시면 가서 달라고 했어요."

생각지도 못한 아이의 답변에 지인은 귀엽고 대견해서 웃음이 나왔다. 평소 엄마가 하던 행동을 보고 당연히 해야 하는 일로 알고 똑같이 따라 했던 것이다.

부모가 주변 사람들을 깊이 아끼며 챙기다 보면 아이들도 다른 사람의 처지를 이해하고 공감하게 된다. 아파트 경비원 아저씨께 떡과 음료를 가져다드리거나, 택배 기사님을 위해 음료수를 내어놓고, 일부러 전단지를 받기도 한다. 이런 아이들은 타인의 수고를 아는 인정 많은 사람으로 자라게 된다.

봉사할수록 행복해진다

봉사와 나눔은 특정한 곳에 가서 등록한 후 작업복을 갖춰 입고 해야 하는 것일까? 봉사라고 해서 늘 힘이 든다거나 많은 돈을 써야 하는 것은 아니다. 사소한 결심과 적은 돈으로도 상대방에게 큰 기쁨을 줄 수 있다. 이런 일이야말로 봉사의 진짜 목적이다. '생활 속에서 작지만 꾸준히 이루어낸 행동들'이면 그걸로 족하다. 반복이 습관이 되어 결국엔 남을 돕는 일이 세상에서 가장 쉬운 일이 된다.

얼마 전 삼성서울병원에서 진료를 마치신 엄마를 모셔 다드리기 위해 지하철을 탔다. 3호선 고속터미널역에서 내려 에스컬레이터를 타고 올라가던 길이었다. 갑자기 내 옆에 서 있던 아저씨가 뒤로 넘어갔다. 생각할 틈도 없이 들고 있던 가방을 내던지고 아저씨의 팔을 낚아챘다. 그러나 이미 중심을 잃고 쓰러지는 건장한 아저씨를 나 혼자 끌어올리기엔 역부족이었다. 아저씨는 마치 물에 빠진 사람이 살려달라고 잡아당기는 것처럼 내 손을 꼭 붙잡았다.

두 손으로 잡고 몸을 뒤로 젖히며 버티던 중, 뒤편에 있던 다른 아저씨의 도움으로 겨우 들어 올릴 수 있었다. 하마터면 큰 사고로 이어질 뻔한 아찔한 순간이었다. 아마 그 자리에 다른 경찰관이 있었더라도 다르지 않았을 것이다. 평소 누군가를 돕는 게 당연한 일을 하고, 또 반복하다 보니 어디서든 습관처럼 행동부터 나왔다.

7,000만 조회수를 기록한 태국의 감동적인 광고가 있다. 길을 걷던 한 남자의 머리 위에 물줄기가 떨어진다. 그는 떨어지는 물줄기에 맞춰 마른 화분을 옮겨 놓는다. 노천식당에 가서는 찾아온 강아지에게 먹던 음식을 나눠 준다. 또 그는 학교를 다니고 싶다는 종이를 써놓고 거리에서 구걸하는 여자아이에게 매일 지갑을 연다. 옆집 할머니의 현관 문고리에는 꾸준히 바나나를 걸어두기도 한다.

그는 무얼 바라고 이렇게 사는 것일까? 사람들은 그를 이해하지 못한다. 그는 어떤 대가도 받지 못하고, 그의 선행을 아는 사람도 없다. 그러던 어느 날, 매일 구걸하던 여자아이가 그의 작은 도움으로 학교를 다니게 되었다. 그 모습을 보고 남자가 얻은 것은 '감정'이었다. 그는 행복을 마주했다. 그들을 보다 깊게 이해했고 사랑을 느꼈다. 그는 돈으로는 살 수 없는 것들을 얻었고, 세상을 더 아름답게 만들었다.

영상은 "당신이 인생에서 가장 바라는 것은 무엇입니까?"라는 멘트와 함께 끝을 맺는다. 한 사람의 작은 도움으로도 누군가의 인생을 변화시킬 수 있음을 보여주는 동시에, 궁극적인 인생의 목표에 대해 생각하게 만드는 영상이었다.

'헬퍼스 하이helper's high'라는 말이 있다. '남을 도와주는 사람들이 느끼는 고양감, 행복감, 도취감'을 뜻하는 정신의학적 용어다. 이는 미국의 내과의사 앨런 룩스Allan luks가 《선행의 치유력》이란 책에서 최초로 사용했다. 그의 연구 결과에 따르면 자원봉사자 95%가 봉사 후 신체적·정신적 포만감을 경험했으며, 선행을 베풀면 콜레스테롤과 혈압의 수치가 낮아지고 엔도르핀이 평소의 3배 이상 증가한다고 한다.

또한 남을 위해 이타적인 행동을 하는 일은 맛있는 음식을 먹거나 사랑에 빠질 때와 비슷한 행복호르몬이 흐르게 만든다고 한다. 즉 봉사를 하면 도파민이 증가한다는 것이다.

'불쌍하다' '안타깝다' '속상하다'와 같은 '마음'을 표현한 단어는 오로지 글자로만 배워서는 좀처럼 와닿기 힘들다.

곤경에 빠진 타인을 진심을 다해 도와주고 몸소 실천하다 보면 '동정심'은 저절로 만들어진다. 자신을 찾는 사람들에게 기꺼이 도움을 주며, 받는 기쁨보다 주는 기쁨이 더 크다는 사실도 알게 된다. 남이 알아주지 않아도 상관없다. 아이 스스로가 자신의 삶이 충만해진 것에 더 큰 만족감을 느끼게 된다. 봉사하는 아이는 삶의 진정한 의미와 목적을 찾고 기쁨을 만끽하며 성장하게 된다. 그렇게 아이의 행복은 조용히 따라온다.

너라면 할 수 있을 거야

+

세상에서 가장 이자가 높은 은행은 '도전'이라는 이름의 은행이다.
쓰면 쓸수록 줄어드는 것이 아니라 오히려 몇 배가 되돌아온다.
따라서 도전은 하면 할수록 유리하다.

- 나카타니 아키히로Nakatani Akihiro

아플수록 강해지는 자극의 법칙

"나도 매일 할 거야!"

"에이~ 너는 못할걸? 형도 얼마나 힘들었는데!"

첫째 아이가 학교 체육시간에 수행평가로 셔틀런을 하고 돌아왔다. 반에서 가장 많은 횟수를 기록했다며 신나서 이야기를 늘어놓았다. 이 말을 들은 둘째 아이는 자기도 매일 셔틀런 연습을 하겠다고 선언했다. 형이 하면 뭐든 따라 하고 싶은 동생의 심리였다. 특별한 준비도 없이 열정 하나로 시작한 첫날, 셔틀런 100번을 한 둘째 아이는 다음 날 그만 몸살이 나고 말았다. 제대로 걷지도 못하다 결국 고열과 함께 몸져누웠다. 종아리에도 단단하게 알이 배서 많이 아파했다.

며칠이 지나자 둘째 아이는 다시 셔틀런 100번을 하겠다고 고집을 부렸다. 결국 다시 시작한 셔틀런. '출발'과 함께 턴을 알리는 벨 소리가 날 때마다 걱정이 앞섰다. 50번을 지나 80번, 아이의 숨소리는 점점 더 거칠어졌다.

"힘들면 그만해도 돼. 또 병날라."

나의 외침에도 아이는 달려가고 돌아오기를 수차례 반복했다. 그렇게 셔틀런 100번을 끝마쳤다. 아이는 헉헉대며 숨을 몰아쉬었고, 온몸이 땀으로 범벅되어 있었다. 그러다 갑자기 땅바닥에 냅다 누워버렸다. 역시나 또 병이 났구나 싶었지만, 다행히 이번에는 금세 기운을 차렸다. 이제는 주말마다 아파트에서 구간을 정해놓고 마치 놀이처럼 셔틀런을 하며 시간을 보낸다.

처음 몸살이 나 끙끙 앓던 아이는 이제 더 이상 병이 나지 않는다. 이런 것이 바로 '자극의 법칙'이다. 아주 강한 자극도 계속 이어지면 더 이상 자극이라 느껴지지 않는다.

없던 근육을 만들어낼 때만 고통을 느낀다. 그러나 근육이 만들어지고 나면 아무리 자극을 준다 한들 더 이상 아픔을 느끼지 않는다. 셔틀런을 처음 시작했을 때 아이가 힘들다고 바로 포기했다면 어떻게 됐을까? 몸의 근육이 생길 기회는 더 이상 없었을 것이다. 셔틀런을 두려워하고 다시 시도조차 하지 않았을지 모른다.

용기는 아이 몸에 두르는 멋진 무기가 된다. 용기를 가지고 무언가에 도전하는 것은 앞으로 닥칠 시행착오를 받아들이겠다는 결심의 시작이다. 아이 몸에 단단히 밀착시킨 무기 덕분이다. 아이는 도전을 마친 후 스스로도 성장하는 기회였음을 알게 된다. 도전한 아이 얼굴에 생기가 돌고 자신감이 넘치는 것이 그 증거다.

도전을 즐기는 아이로 키우려면

스스로 일어나 첫걸음마를 뗐을 때, 자전거를 혼자 타게 됐을 때 아이의 표정을 기억하는가? 도전 끝에 성공한 자신의 모습에 10,000% 만족하며 환한 미소를 보여줬을 것이다.

아이가 두려움 없이 도전하는 힘을 어떻게 기를 수 있을까? 인생 처음 자전거를 배우는 날, 처음부터 부모가 자전거를 붙잡던 손을 놓으면 겁을 먹은 아이는 곧바로 넘어진다. 천 리 길도 한 걸음부터. 최종 목표를 분해하여 아주 작은 단계부터 차근차근 밟아가야 한다. 우선은 자전거를 잡아주고 천천히 가보는 것, 직접 페달을 굴러보는 것, 핸들을 조종하는 것, 벨을 울려보는 것 등 순서대로 차근차근 하도록 돕는다. 아이에게는 단계마다 큰 고비다. 어려운 데다 지루하기 짝이 없기 때문이다. 쌩쌩 달려가는 또래의 자전거를 바라보며 거북이처럼 느려터진 자신의 모습에 속상하기 그지없다.

이럴 때는 방법이 있다. 자전거를 제대로 타는 최종 목표를 넘어 멀리 그다음의 목표까지 제시해 주는 것이다. '나중에 한강 라이딩을 하고 함께 라면 먹기' '자전거 경주 대회 참가하기'와 같은 목표를 말해준다. 자전거를 잘 타는 것에서 그치지 않고 또 도전할 뚜렷한 목표가 생기면 그때부턴 노력 더하기 열정이 시작된다. 함께하는 부모의 응원 덕분에 힘든 순간도 이겨내며 과정을 즐길 수 있다. 부모는 중간중간 실패를 하더라도 낙담하지 않도록 격려해준다. 이렇게 원하는 바를 이루어낸 아이는 또다시 목표를 설정하고 나아가고자 일어선다.

일본 철도의 광고 카피에는 이런 말이 있다. "모험이 부족한 사람은 좋은 어른이 될 수 없다."

수많은 실패 앞에 앞장서서 도전을 응원하며 말해주자. "이렇게 열심히 도전하는 사람이 내 아이라니 정말 자랑스러워."

아이는 더 많은 도전이 필요하다. 그래야 더 좋은 어른이 될 수 있다.

"넌 할 수 있어." "너라면 할 수 있을 거야."

아이를 믿어주는 말은 새로운 도전 앞에 두려워하는 아이에게 해줄 수 있는 최고의 격려다. 무엇에도 굴하지 않는 마음의 씨앗이 되는 것은 부모의 격려뿐이다. 자식농사를 잘 지었다는 말은 비단 아이가 부자가 되었거나 성공했을 때에만 쓰이지는 않을 것이다. 언제든, 무슨 일이든, 원하는 것을 결국 해내는 아이로 키워냈다는 뜻은 아닐까.

3장

아이의 시선 끝에는
언제나 부모가 있다

우리 집
CCTV 이야기

✦

눈 덮인 들판을 걸어갈 때 어지럽게 함부로 걷지 마라.
오늘 내가 남긴 이 발자취가 뒷사람의 이정표가 될지니.

- 서산대사

우리 집은 늘 최첨단 CCTV 작동 중

얼마 전 충남 아산시에서 은행 강도 사건이 발생했다.
대낮에 복면을 쓰고 은행원을 흉기로 위협한 뒤 1억 원가
량을 빼앗아 달아난 전형적인 강도 사건이었다. 경찰이 강
도 용의자를 추적 중이라는 뉴스가 나오자 인터넷 기사에
이런 댓글들이 달렸다.

"시대가 어느 시대인데 은행 강도 짓인지. 고속도로, 국
도, 길거리까지 CCTV가 깔려 있어서 금방 잡힐걸?"

"강도질해봤자 CCTV에 100% 찍힙니다."

역시나 사건 발생 당일 고작 4시간 만에 경찰은 피의자를 체포했다. 이렇게 단시간에 강도를 체포할 수 있었던 것은 바로 CCTV 덕분이었다. 사건을 저지르기 전날 범인이 미리 현장을 둘러본 모습이 찍힌 것이 결정적인 단서가 되었다. 이제 경찰은 사건 처리 중 CCTV 확인이 필수가 되어버렸다. 요즘 CCTV의 성능은 매우 훌륭하다. 선명한 해상도 덕분에 정확한 동선을 파악할 수 있다. 대상자의 작은 움직임까지 놓치지 않고 잡아낸다. 경찰서에서 마주치는 직원들에게 "어디 가세요?"라고 물으면 수사, 형사, 교통과 직원을 불문하고 이렇게 말한다. "CCTV 따러 갑니다."

우리 집 안 곳곳에도 CCTV가 설치되어 있다. 보통 CCTV는 저장용량 때문에 일주일 또는 한 달이 지나면 저절로 삭제되도록 프로그래밍 되어 있다. 그런데 이 CCTV는 백업이 필요 없다. 한 번 보면 오랫동안 저장해 둔다. 게다가 그 모습을 한 번 혹은 여러 번 볼수록 모방이 가능한 고용량, 고지능 AI CCTV다. 눈치챘는가? 그렇다. AI

CCTV는 바로 우리 아이들이다.

조용히, 그리고 은밀하게 바라보다

아이는 학교와 가정 중 어느 쪽에서 배우는 것이 많을까? 둘은 방향성이 다르기 때문에 각각 절반씩 배운다고 생각한다. 학교에서는 지식을 쌓는 공부를 비롯해 여럿이 함께 살아가는 전반적인 방법들을 배운다. 가정에서는 부모의 원칙에서 정한 옳고 그름의 기준 아래 세부적인 방법을 배운다.

아무리 학교에서 고품질의 교육을 펼치더라도 가정 내 부모의 모습이 바르지 않다면 어떨까? 안타깝게도 아이에게는 학교보다 가정의 영향력이 지대하다. 아이는 바르지 못한 부모의 모습을 서서히 닮아간다. 학교에서 올바른 것을 보고 듣는데 왜 그럴까? 그래도 뭔가 좋은 영향을 끼쳤던 것이 남아 있지는 않을까? 인간의 뇌는 강한 자극을 잘 기억한다고 한다. 좋은 것보다 나쁜 것부터 기억에 남게 된다. 밖에서 아무리 좋은 말을 많이 들어도 가장 가까운 부모로부터 배운 모습은 기억에 오래, 깊이 남는다.

　사건 현장에서는 아이가 일반 사람들은 잘 쓰지 않는 속어를 빈번하게 사용하는 걸 많이 목격한다. 어떤 학생의 부모는 아이가 나쁜 말투 때문에 다툼이 잦다며 한탄했다. "얘 말투 좀 보세요, 선생님. 아주 입에 걸레를 문 것처럼 함부로 말해요."

　지켜보던 나는 솔직하게 느낀 점을 부모에게 전했다. "아버님, 지금 학생 말투는요. 아버님하고 똑같이 말한다는 사실을 아시나요?"

　집도 교실과 같다. 교실에서 선생님에게 배움을 얻듯이, 집에서도 부모에게 배움을 얻는다. 책상에 앉혀놓고 공부를 시키지 않아도 아이는 배우고 있다. 항상 부모가 하는 행동과 말을 지켜보고 있다. '아이는 부모의 등을 보고 자란다'라는 말도 그래서 나온 게 아닐까.

부모가 세상의 정답인 아이들

마하트마 간디의 유명한 일화가 있다. 어느 날, 한 여인이 어린 아들과 함께 간디를 찾아와 말했다.

"우리 아이가 사탕을 너무 좋아해 이가 모두 썩었습니다. 선생님께서 사탕을 먹지 못하게 말씀해 주세요."

그러자 간디는 이렇게 말했다.

"오늘은 그냥 돌아가시고 한 달 뒤에 오세요."

다시 한 달이 흘러 모자는 간디를 찾아갔다.

"선생님, 이번에는 아이에게 사탕을 먹지 말라고 꼭 좀 말해주세요."

간디는 아이에게 따뜻하게 말했다.

"사탕을 먹지 말거라. 사탕을 먹으니 이가 모두 썩지 않았니?"

그러자 아이는 "네, 이제부터 사탕을 먹지 않을게요"라고 대답했다. 이 모습을 지켜본 여인은 의아해하며 간디에게 물었다.

"그 말씀을 하려고 한 달을 기다리게 하셨나요?"

간디가 대답했다.

"한 달 전까지는 저도 사탕을 좋아해 먹고 있었습니다. 제가 사탕을 좋아하면서 아이에게 사탕을 먹지 말라고 말할 수는 없는 일 아닙니까."

간디의 이 일화는 부모인 우리 모두에게 시사하는 바가 제법 크다. 단순히 어리니까 알지 못하리라 생각하지 말자. 하지 말아야 할 행동을 아이 앞에서 쉽게 노출해서는 안 된다. 예를 들어, 소파에 누워 휴대폰을 보면서 정작 아이가 휴대폰을 보려고 할 때 "보지 마!"라고 말리는 부모는 아니었는지 솔직하게 되돌아보자.

부모는 늘 '원칙'이 있어야 하고, 아이에게 전할 때에는 그 원칙에 맞게 행동해야 한다. 그렇지 않으면 아이는 원칙과 맞지 않는 부모의 말과 행동에 혼란스러울 수밖에 없다. 나아가 사춘기가 시작되면서 부모의 모습이 가볍고, 때론 우스워 보일 수도 있다. 부모를 신뢰하지 않게 된다는 말이다. 그렇게 부모의 의견은 아이에게 존중받지 못하게 되고, 잦은 다툼으로 이어진다. 결국 경찰까지 불러 상황을 해결해 보려고 하지만, 이미 부모가 만만해진 아이는 그 기세를 쉽게 꺾지 않는다.

원칙을 지키는 것을 소중히 여기고 성숙하게 실천하는 부모의 모습을 통해 아이는 저절로 그 가치의 중요성을 배우게 된다. 그리고 이를 실천하는 자신은 '이상적이고 멋진 사람'이라고 여기는 순간, 아이의 자존감 역시 높아질 수밖에 없다.

아이들에게 올바른 가치관을 만들어주려면 많은 시간과 노력이 필요하다. 그러한 시간과 노력은 부모의 의지에 달렸다. 부모의 모습을 통해 배우는 인성교육이야말로 진정한 가치관을 형성하기 위한 첫걸음이다. 체험학습이라는 구실로 해외여행을 떠나고 럭셔리 캠핑장, 감성 펜션을 검색하고만 있지는 않은가? 진정으로 중요한 것은 내면을 채우는 일이다. 부모가 일관되고 올바른 가치관을 제시하는 롤 모델이 되어 인생의 런웨이를 활보해 보자.

지성과 감성을
이끌어내는 시간

✦

개미보다 설교를 잘하는 사람은 없다.
그런데 개미는 말이 없다.

- 벤저민 프랭클린Benjamin Franklin

경청과 공감이 지적인 아이를 만든다

국회의원 선거가 끝난 직후, 뉴스에서는 연일 성패의 요
인과 관련 소식을 전했다. 이를 본 남편과 나는 자연스럽
게 선거에 대한 이야기를 나누고 있었다. 그런데 우리 부
부의 대화를 조용히 듣던 아이에게서 갑자기 질문 세례가
쏟아지기 시작했다. "대통령은 무슨 당이야?" "우리나라에
는 정당이 몇 개나 있어?" "비례대표는 왜 뽑는 거야?" "공
약대로 일을 안 하면 나중에 어떻게 돼?"

아이가 지지했던 우리 지역 후보는 당선되지 못했다. 아이는 선거에 대해 꽤 진지하게 생각했던 것 같다. 아이가 궁금해한 것과 더불어 선거에 대해 우리가 아는 한도 내에서 힘껏 알려주었다. 여기서 끝이 아니었다. 식사를 마치고 과일을 먹은 후에도 서로 묻고 답하는 시간이 이어졌다.

사실 아이가 어릴 때는 부모의 대화에 끼어들면 흐름이 끊긴다는 이유로 제지한 적도 있었다. 그러나 지금은 부모의 대화를 옆에서 듣는 것만으로도 아이에게 긍정적인 영향을 준다는 사실을 깨닫고 적극 참여시키고 있다.

유튜브 구독자 179만 명을 보유한 작가 조승연은 이탈리아어, 영어, 프랑스어, 라틴어 등 7개 언어에 능통한 글로벌한 인재다. 그가 박학다식하게 자란 비결은 바로 '어머니와의 끝없는 대화'라고 한다. 어린 시절 사회성이 다소 부족했던 그는 책을 통해 알게 된 사실을 어머니에게 설명하길 좋아했다. 어머니는 아무리 많은 시간이 소요되더라도 이야기를 다 들어주고 호응해 주었다. 아이는 자신이 알게 된 신기한 일들을 '어머니라는 창구'를 통해 쉼 없이 내보내고 인정받았던 것이다. 어머니는 듣다가 너무 길어지면 함부로 아이 말을 끊지 않았다. 대신 아이의 호기심이 사라질까 봐 "드라마도 끝냈다가 다시 하잖아. 그러니까 2편은 내일 듣자"라고 말했다. 그다음 날 그는 어김없이 이야기를 했고, 어머니는 또 긴 시간 동안 들어줬다고 한다.

같은 아파트 놀이터에서 알게 된 70대 할머니가 계신다. 할머니의 아들은 대전에서 사업을 하고 있었다. 마침 함께 있던 자리에서 아들에게 전화가 왔고, 할머니는 한참을 통화하신 후에야 전화를 끊으셨다. 알고 보니, 매일같이 전화하는 아들은 할머니에게 단순한 안부만 묻는 게 아니었다. 자기 사업의 진행 상황이나 문제들을 이야기하고 의견을 묻기도 했다.

"아들은 나한테 답을 듣고 싶은 게 아니에요. 속이 답답하니까 털어놓고 싶은 마음인 거지요. 내가 아들에게 최선이자 최후의 안식처인 셈이에요. 어차피 사업에 대해 더 잘 아는 것은 아들이니까 나는 그저 들어만 줍니다."

따뜻하고 인자한 미소를 지으며 말씀하시는 할머니를 보니 아들의 속마음을 알 것 같았다.

아이는 책보다 부모와의 대화에서 더 많은 것을 얻는다. 작정하고 외운 것처럼 기억에도 오래 남는다. 내치지 않고 들어주는 부모의 반응을 통해 사랑을 느낀다. 이렇게 어릴 때 내면을 채워주고 성인이 되어서도 늘 응원해 주는 부모들이 가진 공통점은 바로 '경청'과 '공감'이었다. 경청과 공감을 지닌 부모와의 대화는 최고의 공부 방법이자, 아이의 평생 삶을 지지하는 대들보가 된다는 것을 잊지 말자.

밤 산책이 가져다주는 것들

독일의 철학자, 니체는 매일 7~8시간씩 쉼 없이 산책을 했다. 니체는 스위스의 작은 마을을 걸으며 자신의 깊은 내면에 이르렀고, 넘치는 행복감을 느꼈다.

"엄마, 오늘은 산책 안 가?"

늦어지는 산책 여부를 묻는 큰아이에게 조용히 눈치를 준다. '동생이 자면 바로 나가는 거야.' 알아들은 아이는 고개를 끄덕이며 조용히 기다린다. 나는 아이와 매일 밤 9시 ~10시, 약 4.5km 정도의 길을 산책한다. 횟수로 벌써 3년째 되어간다. 밤공기를 맞으며 걷다 보면 느껴지는 식물의 향기와 풀벌레 소리. 밤 산책은 마치 지구라는 스노우 볼 속에 들어온 것처럼 우리가 자연과 하나가 되고, 진정 살아 있음을 온몸으로 느끼게 해주는 일이다.

그렇다면 아이에게 밤 산책은 어떤 '시간적 의미'를 줄 수 있을까?

첫째, 아이의 마음이 열리게 하는 시간이다

걷다가 서로의 손이나 어깨가 살짝 닿으면 놓치지 말고 팔짱을 끼거나 손을 잡아주자. 자연스럽게 어깨에 손을 얹거나 머리를 쓰다듬고 얼굴도 부드럽게 만져주자. 아이는 부모의 따뜻한 사랑을 느끼며 보호받고 있음을 확인하게 된다.

따스한 평온함을 느끼며 걷던 아이는 하루 동안 있었던 일이나 떠오르는 생각들을 얘기하기 시작한다. 학교에서 있었던 자질구레한 일부터 친구와 나눈 대화, 심지어 이성 친구 중 누가 마음에 든다는 말까지 아무렇지 않게 꺼내기도 한다. 산책을 하면서 평소에 조용한 아이가 갑자기 봇물 터지듯 수다쟁이로 바뀌는 것을 수차례 경험했다. 거기에 적절한 호응을 곁들이면 수다쟁이는 신나서 이 일 저 일 끄집어내며 쉴 새 없이 말하곤 했다. 만약 집안에 '네, 아니요'로만 대답하는 '남자아이'가 있다면 밤 산책을 강력하게 추천한다.

둘째, 아이의 두뇌가 쉬어가는 시간이다

뇌 과학 전문가들은 산책이 지친 뇌를 회복시키고 정상으로 되돌려준다고 말한다. 생활 속 끊임없이 쏟아지는 생각들은 에너지를 소모하게 만든다. 요즘 아이들은 한 가지를 깊이 생각하기도 전에, 대기 중인 다음 일을 생각해야 할 정도로 바쁘다. 어쩌면 지금 자신의 사고방식이 맞는지조차 느낄 수 없을지도 모른다. 아이 두뇌가 '게으른 휴식'을 누릴 수 있는 산책이 필요한 이유다.

밤 산책을 하다 보면 명상하는 느낌을 받을 때가 있다. 아름다운 달을 보거나 가로등 아래 벤치에 앉아 들꽃을 물끄러미 바라보다 보면 불필요한 생각들이 사라진다. 평소 아이는 정해진 패턴대로 반복하는 일상을 보낸다. 그러나 산책을 하다 보면 갑자기 나타난 것들에 수시로 시선을 빼앗기며 점점 자신을 내려놓는다. 그렇게 자연과 하나가 되는 특별한 시간을 보낸다. 자연 속에서 사색에 빠지기도 하고, 또 다른 영감을 얻기도 한다.

셋째, 아이가 자연을 알아가는 시간이다

산책은 '뜻밖의 발견'의 연속이다. 특히 밤 산책은 자연의 변화를 느끼기 어려운 아이에게 낮과는 다른 재미를 선사한다. 어둠 속에서 찬찬히 관찰하며 생각할 수 있기 때문이다. 나뭇잎 색깔이 서서히 변하고 계절별로 피는 꽃이 다름을 알게 된다. 매일 같은 길을 걷더라도 지루할 틈이 없다.

어느 봄날, 밤 산책 중 아이는 개구리 알과 도롱뇽 알을 보고 흥분을 감추지 못했다. 얼마 후 알들은 사라져버렸다. 아쉬울 틈 없이 다음 산책 때는 까만 올챙이 떼가 보였다. 그렇게 또 며칠 뒤 산책을 나가니 개구리가 목청껏 울어대고 도롱뇽이 휘젓고 다니고 있었다. 운이 좋으면 도마뱀과 맹꽁이, 청설모를 만나 숨죽이며 지켜보기도 했다. 그렇게 아이는 생태계를 알고 자연의 흐름을 배워갔다.

아이와 장지천에서 청둥오리 떼를 관찰한 적도 있었다. 어미 오리가 앞서면 새끼 오리 7마리가 조르르 줄지어 따라갔다. 그런데 갑자기 새끼 오리 한 마리가 뒤처져서 다른 곳으로 가버리는 게 아닌가? 그때 어떻게 알아챘는지 어미 오리가 되돌아가서 새끼 오리를 챙겨 무리로 데려왔다. 신기할 따름이었다.

아이는 사람과 똑같이 동물도 자식을 사랑하는 모습에서 모든 생명은 동등하게 소중하다는 가르침을 얻는다. 자연에 존재하는 모든 것의 '귀함'을 저절로 알게 된다. 돈 들여서 하는 '숲 체험'이 부럽지 않은 환상적인 시간이다. 자연을 사랑하는 아이는 어긋날 수 없다.

산책하면서 나누는 대화를 통해 부모의 사랑이 아이에게 자연스럽게 전달되고, 서로의 공통분모가 만들어진다. 이렇게 다져진 끈끈함으로 그까짓 청소년기도 헐렁하게 넘겨 보내주자. '사랑한다'라고 말하는 순간 상대가 더욱 사랑스러워지는 경험을 누구나 해봤을 것이다.

다시 돌아오지 못할 소중한 순간이다. 사랑한다면 대화하자.

가장 큰 유산은
부모의 대화 습관

✦

아이들이 당신 말을 안 듣는 것을 걱정하지 말고,
그 아이들이 항상 당신을 보고 있음을 걱정하라.

- 로버트 풀검Robert Fulghum

잦은 부부싸움의 원인

가정폭력 신고를 받고 출동한 곳은 누구나 한 번쯤 들어
봤을 법한 고급 아파트였다. 현관문을 열고 들어서자, 햇
살이 눈부시게 쏟아지는 사방의 넓은 통창부터 시야에 들
어왔다. 대리석 거실 바닥에 흩어진 유리 조각들, 널브러
진 옷가지와 깨진 생활용품들은 출동 전 상황을 짐작게 했
다. 나는 신발도 벗지 못한 채 안방에 있는 신고자에게 다
가갔다. 빠지직, 유리들이 밟히는 소리에 다시금 정신이

번쩍 들었다. 뛰어 올라왔던 숨을 고른 후 신고자의 상태부터 살폈다. 여성의 머리와 손목은 피로 물들어 있었다. 단순한 부부싸움이라고 보기엔 선을 넘는 위험한 상황임을 직감했다. 재빨리 119에 공동대응 요청을 하고 사건 경위를 파악했다.

경찰관 입장에서 112신고를 받고 나갔을 때 가장 위험한 상황은 아이러니하게도 살인, 강도 같은 강력사건이 아니다. 강력범죄란 점을 감안하여 미리 적정한 인원수와 무기로 대처하기 때문이다. 그래서 오히려 가정 내 사건이 위험한 경우가 많다. 가정 내 신고가 들어왔다면 그런 상황이 처음 발생했을 가능성은 흔치 않다. 켜켜이 쌓인 감정의 골이 깊은 가정이 대부분이다. 마치 제때 버리지 못한 음식물 쓰레기처럼 말이다. 아닌 척 덮어 두고 살면 될 줄 알았는데, 냄새가 나고 곰팡이가 피기 시작하면서 상황은 걷잡을 수 없이 나빠진다. 가정 내 사건 처리 중 공상公傷을 입는 경찰관이 많은 것은 이런 이유다. 선량하고 평범한 사람도 이때는 '너 죽고 나 죽자'라는 마음으로 이성의 끈을 놓는다. 과도한 흥분 상태에 놓이면 가족과 경찰 모두에게 위협적인 행동을 취할 수 있다.

어느 정도 상황 파악이 끝나자 양측을 분리하여 진술을 청취했다. 이때 각자의 변을 들어보면 대부분 갈등의 씨앗은 '부부간 대화법'에 있었다.

"저 인간 말하는 꼴 좀 보세요. 늘 저런 식인데 말이 통하겠어요?"

소리 없이 전달되는 부모의 감정

미국의 심리학자 존 가트맨John Gottman은 40여 년간 3,000쌍 이상의 부부를 연구하며 부부 문제의 세계적인 권위자가 되었다. 그는 부부간에 대화하는 걸 단 3분만 봐도 이들이 행복하게 살지, 이혼할지를 96% 확률로 정확히 맞춘다고 한다.

요즘 가정은 아이 중심으로 변했다. 아무리 바쁜 상황일지라도 아이가 이야기하면 귀담아듣고 대답해 주려고 노력한다. 이에 반해 아내는 남편의 말을 무시하듯 잘라버리고, 남편은 아내의 말에 귀 기울이지 않는 무신경한 부부의 대화법이 자주 목격된다.

인간의 오감 능력은 생각보다 우수하다. 아이는 눈에 보이지는 않지만 불안한 기류를 느끼고 눈치껏 행동한다. 부부싸움 신고를 받고 간 가정에 10개월 된 어린 아기가 있었다. 아기는 기어다니면서 장난감을 물고 빨며 천진난만하게 놀았다. 그런데 나와 대화를 하던 엄마가 집을 나가려고 일어서자 아이는 서럽게 울며 엄마의 발목을 잡았다. 애써 모른 척했지만 엄마가 진짜로 나가버린다고 느낀 아이가 본능적으로 저지한 것이다.

'비록 우리 부부 사이가 좋지 못해도 아이에게는 최선을 다하면 그만이야.' 이런 생각으로 부모가 아이 앞에서만 사이좋은 척하면, 아이 역시 그 사실을 모른 척한다고 한다. 하지만 실제로는 "부모님 사이가 좋지 않아서 우울해요"라고 호소하며 학교 내 상담센터를 찾는 일이 빈번하다. 부부간 다툼이 심하다면 아이에게 2차 정서학대를 가하는 일이 된다. 부부간의 물리적, 감정적 갈등이 그대로 아이에게 노출되기 때문이다. 방어복 하나 없이 고스란히 부모의 감정을 받아낸 아이들은 큰 상처를 입게 된다. 어릴 적 상처는 PTSD로 남고, 살아가면서 다양한 양상의 후유증을 만들어낸다.

갈등에 노출된 아이들이 오히려 더 모범적이고 아무렇지 않은 척하기도 한다. 참 안타까운 일이다. 그런 아이들이 마음을 열고 속내를 드러내면 어린 나이에 감당하기 힘든 깊은 슬픔이 보인다. 자신의 힘듦을 내보이면 부모에게 버림받을 것 같아 불안하다는 아이도 있었다. 부모가 본인 때문에라도 참고 살길 바라며 아무것도 모르는 척 연기하는 아이도 있었다. 아이가 모를 것이라 착각하면 안 된다. 부부의 감정은 아이에게 소리 없이 전달된다는 사실을 명심하자.

부모의 말투를 모방하는 아이들

부모와 아이가 대화를 많이 하는 것은 정서적으로 좋다. 그렇다고 평소 부부의 모든 대화에 아이를 참여시키려 하지 않아도 된다. 부부간 중요한 문제를 처리하거나, 어른들만의 심각한 고민을 상의해야 할 때도 있기 때문이다. 아이와의 대화를 챙기는 일이 우선이 되면 부부간의 진지함이 사라진다. 하고 있던 중요한 대화도 흐트러지기 십상이다.

대신 알아야 할 점이 하나 있다. 아이는 언제나 부모의 대화를 집중해서 듣고 있다는 사실이다. 문제를 해결하기 위해 의견을 나누는 모습, 상대방의 기분이 상하지 않게 제안하는 모습, 자기 의견이나 주장을 관철하는 모습, 감정이 상했을 때 갈등을 풀어나가는 모습 등을 아이가 보고 듣게 된다. 부부의 대화 습관을 보며 아이는 인간관계의 대화법을 익히게 된다.

한 가지 상황을 가정해 보자. 남편이 주식에 투자했다가 1억이라는 큰돈을 손해 보았다. 그날 저녁, 부부는 이 문제에 대해 대화를 나누었다.

대화1) 아내 : "내가 못살아. 제대로 할 줄도 모르면서 매번 제멋대로 투자하니 그렇지!"

　　　남편 : "사람이 살면서 실수할 수도 있는 거지, 당신이 뭘 안다고 그래!"

대화2) 아내 : "그동안 잘해왔고 주식 공부도 열심히 했잖아. 정말 속상하겠다. 더 좋은 날이 올 거야."

남편 : "그렇게 말해줘서 고마워. 이렇게 무리하게 투자하
는 일은 다신 없을 거야."

대화1)처럼 비난만 하는 부모의 모습을 본 아이는 어떻
게 자랄까? 자신의 생각대로 되지 않는 상황이라면 상대
탓을 하며 감정적으로 대응하려 할 것이다.

대화2)처럼 상대를 이해하며 문제를 해결하는 부모의
모습을 본 아이는 어떻게 자랄까? 어려운 상황에서도 상
대를 탓하기보다 어떻게 상황을 돌파할지 먼저 알아볼 것
이다.

대화2)는 신경언어 프로그래밍의 창시자 로버트 딜츠
Robert Dilts가 그의 저서 《NLP로 신념체계 바꾸기》에서 제
시한 '신념·가치관' 레벨에 따른 반응이다. 인간 의식의 레
벨에는 환경, 행동, 능력, 신념·가치관, 정체성, 영성의 6단
계가 있다고 한다. 능력을 지적하거나 정체성에 대해 비난
하면 변화는 일어나지 않는다. 실수에 대한 가치관과 신념
을 강화시켜야 변할 수 있다.

아이는 부모의 말 습관을 통해 문제 해결 능력과 갈등
극복 방법을 함께 배운다. 프랑스의 고전 작가 라 로슈푸

코Francois de la Rochefoucauld는 '경청하고 대답을 잘 해주는 것은 대화술에서 인간이 다다를 수 있는 최고의 경지'라고 말했다. 부모가 올바르게 대화하는 모습은 셀 수 없이 아이에게 노출된다. 반복을 통한 교육은 고스란히 아이가 물려받는 최고의 자산이 된다.

어느 날, 이비인후과에서 목격한 일이다. 대기실에 앉아 차례를 기다리고 있는데, 먼저 들어간 부부와 아이가 나왔다. 그때 아내가 말했다.

"의사 선생님한테 이 약 따로 먹여도 되는지 빨리 가서 물어봐."

"어, 알았어."

남편은 아이의 옷가지를 들고 황급히 진료실로 들어갔다. 그런데 남편이 나오자마자 아내는 추궁하듯 말했다.

"왜 이렇게 꿈지럭거려. 빨리 수납하고 주차장 가. 내가 약국으로 갈게."

"어어, 미안해."

민망한 표정을 짓는 남편을 두고 아내는 휑하니 병원 밖으로 나갔다. 남편이 진료실에 들어간 사이 아내가 수납하면 되지 않았을까? 아내는 남편이 마땅히 해야 할 일을 하지 않은 것처럼 화만 냈다. 아내의 대화법은 거칠고 매서웠다. 명분 없이 남편을 몰아세우는 것처럼 느껴졌다.

이러한 부부의 모습에 지속적으로 노출된 아이는 어떻게 될까? '무의식적 모방행위'를 지칭하는 '미러링 효과'라는 심리학 용어가 있다. 일상에서 아이는 부모의 표정, 말투, 몸짓까지 세세하게 모방한다. 부모에게 들었던 차가운 말투를 그대로 구사하기 때문에 남들이 꺼리는 사람이 될 가능성이 커진다. 훗날 어른이 된 아이는 아빠의 존재부터 터부시할 것이다. 가정을 꾸린다면 부모와 똑 닮은 말 습관을 배우자에게 사용할 확률이 높다. 현재 부부의 불행한 삶을 아이에게 고스란히 주입하고 있는 셈이다.

아이에게 설거지 시키는 게
뭐 어때서?

우리 부모들은 항상 자녀들을 위해서 무엇인가를 하고 있다고 말한다.
그러나 나는 자녀들이 우리를 위하여 무엇인가 해주는 것을 보고 싶다.

- 토머스 에디슨Thomas Alva Edison

부모에게 향하는 아이의 더듬이

"엄마, 내가 만든 계란프라이 맛있어?"

둘째 아이가 으쓱거리며 묻는다.

"응, 정말 맛있어. 이제 우리 아들 다 컸네. 엄마 요리도
해주고!"

사실 정확한 상황을 말하자면 아이가 식용유를 부었고
내가 계란을 깼다. 아이가 소금을 솔솔 뿌렸고 내가 뒤집
개로 뒤집어 주었다. 계란프라이가 완성되자 아이는 스스

157

로 골라 꺼내 온 접시에 직접 계란프라이를 담았다. 그리고는 갑자기 생각난 듯 냉장고로 달려갔다. 꺼낸 케첩으로 스마일 모양까지 만든 아이는 흐뭇한 표정으로 나를 바라보았다.

평소 아이에게 하루 몇 차례나 집안일을 시키는지 세어 보자. 한 번? 아니면 두 번은 되는가? 설거지, 요리, 세탁, 분리수거, 정리 정돈 등 알다시피 집안일은 끝이 없다. 혹시 '집안일 세상' 밖에서만 아이를 키우고 있지는 않은가? 학교와 학원까지 공부에 지친 아이를 위해 집안일은 부모의 몫이 당연하다고 여기는가? 너무 귀한 내 아이, 집안일을 시킬 이유도, 필요도 없다고 여기는가?

잠시 생각해 보자. 아이가 정말로 공부만 잘하고 가족의 일에는 나 몰라라 하는 어른으로 성장하길 바라는지 말이다. '에이, 설마 그까짓 집안일 좀 안 시킨다고 그러겠어?'라고 생각할 수 있다. 하지만 '집안일'을 단순한 가사노동으로만 바라보지 말아야 한다. 집안일은 가정 내에서 매일 반복되는 자질구레한 일이다. 가족구성원 중 엄마나 아빠만 의무적으로 그 일을 해야 한다는 법은 없다. 가족이 서로를 돕는 일을 가르치는 것. 나는 이것이 아이에게 집안일을 시키는 '진짜' 이유라고 생각한다.

"엄마가 한참 서서 반찬을 만들었더니 힘들구나."

"오늘 한 김장 때문에 허리가 아프네."

백 번, 천 번 입 아프게 말한들 소용없다. 원래 사람은 직접 경험하지 못한 것을 제대로 느끼거나 이해할 수 없다.

주말에 친구 집에서 파자마 파티를 하고 돌아온 아이는 몹시 피곤해 보였다. 알고 보니 새벽 늦은 시간까지 안 자고 수다를 떨었다는 것이다.

"놀면서 늦게 자니까 많이 피곤했지? 그런데 말이야, 엄마는 야간 근무하면서 38권총과 수갑, 무전기, 삼단봉을 차고 일한단다. 게다가 덥거나 추운 밤, 운전을 하고 뛰며 일한다는 사실을 항상 잊지 말아줘."

평소 밤을 지새우며 일하는 엄마의 힘듦을 아이는 알까 싶었다. 그래서 아이가 비슷한 상황을 경험했을 때를 놓치지 않고 일부러 아이에게 나의 이야기를 들려주었다.

자식이 부모의 수고를 알고 감사히 여기는 일은 반드시 필요하다. 혹시 '아이가 돈 걱정 할까 봐', '속상해할까 봐' 쉬쉬하고 알려주지 않는다면 아이는 절대 부모의 수고를 파악할 수 없다.

부모의 헌신에 대한 대가를 강요하거나 생색내라는 말이 아니다. 요즘 부모는 사랑이란 이름으로 과도하게 퍼붓고 아이는 일방적으로 받아들이기만 할 뿐, 정작 사랑을 느끼지 못하는 이상한 관계가 되어버렸다. 앞으로도 강조하겠지만 대가 없이 받기만 하는 아이의 삶을 경계해야 한다. 그것은 아이 자신을 위해서도, 부모를 위해서도 결코 좋을 게 없다. 사건 현장에서 한없이 퍼주기만 한 부모의 결말은 같은 부모로서 너무나 안타까운 비극 그 자체였다.

아이에게서 뻗어 나온 더듬이를 주변을 탐색하는 데에만 쓰게 하지 말자. 아이의 더듬이는 소중한 부모에게도 향해야 한다. 부모의 현재 상황, 노고를 헤아릴 줄 아는 것이 먼저다.

더도 말고 덜도 말고,
적당한 안정

✦

고통을 두려워하는 사람은
이미 그 두려움 때문에 고통받고 있다.

- 미셸 드 몽테뉴Michel de Montaigne

안정된 아이로 키우고 싶다면

아이의 안정을 위해서는 안락한 집과 더불어 다정한 양육자가 필요하다. 살갑고 친절한 양육자를 말하고자 하는 게 아니다. '양육자 태도'의 중요성을 강조하려 한다. 아이의 안정을 위해 주의해야 할 점을 정리해 보았다.

첫째, 양육자의 감정 변동을 경계한다

자기 컨트롤을 못 하는 상태가 변덕을 부른다. 부모의

변덕은 아이를 혼란에 빠트리고 정신병에 걸릴 확률을 높인다는 연구 결과도 있다. 어떻게 해야 변덕을 막을 수 있을까?

"아이한테 짜증 내지 마." "제발 변덕 좀 부리지 마."

이렇게 무작정 양육자 탓만 할 수는 없는 노릇이다. 아이를 챙기는 건 참 고된 일이다. 육아를 하면서 상대적으로 회사의 업무는 쉽다는 걸 절실히 느꼈다. 도와주는 이 하나 없이 홀로 한 육아는 지독하게 고립되고 힘든 시간이었다.

정상적인 양육자라면 잠들기 전 '내일은 아이에게 더 잘해줘야지'라고 다짐한다. 양육자 한 사람의 의무만 강조할 수는 없다. 양육자의 보조자가 함께 배려하고 관심을 보여야 한다. 하루 종일 아이를 돌본 주 양육자의 상태를 세심히 살피고, 육체적인 피로를 풀어줘야 한다. 대신 살림을 하거나 마사지를 해주는 일은 단순히 돕는 것이 아니다. 양육자의 고단함을 위로하는 표현이다.

진심 어린 위로를 받는다면 양육자도 감정제어 능력을 기르게 된다. 감정이 제어되면 현실이 제대로 보인다. 버겁기만 하던 육아가 즐거워진다. 힘든 감정은 반드시 배출구가 필요하다. 쌓아두다 보면 가장 연약하고 만만한 상대, 아이에게 쏟아낼 수밖에 없다.

둘째, 아이를 불안하게 하는 극단적인 말을 조심한다

"너 자꾸 그러면 엄마 나가버린다." "한 번만 더 그러면 집에서 나가 살아."

예전 우리 세대의 부모들은 훈육 방법을 잘 알지 못해서 이런 말들을 쉽게 했다. 혹시 자신도 모르는 사이 잘못된 훈육 방법을 답습하여 아이에게 그대로 하고 있지는 않은가? 평소 아무리 잘해주고 사랑을 줬던 부모라도 갑자기 자신을 버릴 것 같다는 불안감을 느낀 순간 아이는 혼란에 빠진다. 부모의 눈치를 보며 어떻게 해야 버림받지 않을지 고민한다.

부부싸움을 자주 하던 위기가정이 있었다. 부부는 유치원생 아이 한 명을 키웠는데, 유독 부모에게 '사랑한다'는 표현이 잦았다. 우리와 대화 중인 상황에도 부모를 안고 대뜸 사랑한다고 말하는 아이의 표현이 어색하게 느껴졌다. 함께 동행한 아동복지사가 '자신을 떠날까 봐 사랑한다는 표현을 통해 붙잡는 행동'이라고 설명한 말이 일리 있어 보였다. 아이의 부부는 싸움을 하면 번갈아 뛰쳐나가 며칠 동안 돌아오지 않았기 때문이다. 자신을 버릴 수 있단 불안감 속에 아이는 '사랑한다'라는 감정의 단어를 연약한 무기로 사용할 수밖에 없었다.

제때 활시위를 놓는 연습

봄을 맞아 남한산성 계곡의 생물을 구경하러 가기로 한 날이었다. 화창한 날씨 덕에 남한산성 입구에는 꽃놀이를 하러 온 사람들로 붐볐다. 등산객들을 따라 남한산성 유원지로 올라가는 길, 우리 눈앞에 양궁 체험장이 보였다. 올림픽에서만 보던 커다란 활과 화살에 마음을 뺏긴 우리는 양궁 체험을 하기로 했다. 첫 번째로 도전한 남편은 운동신경이 좋아서인지 곧잘 해냈다. 활시위를 당겨 날린 화살은 과녁 주변을 맞혔다. 아빠를 따라 도전한 아이들의 화살은 어떻게 되었을까? 몇 번을 시도했으나 활시위에 걸려 날아가지 못하고 바닥에 떨어졌다.

활시위는 부모와 닮아 보였다. 자식과 같은 화살이 날아갈 방향과 힘을 조정하는 것은 활시위에 달렸다. 활시위에 걸고 당겨 힘을 모은 후, 제때 놓으면 화살은 빠르고 정확하게 날아간다. 그러나 활시위를 당긴 후 시기를 놓치면 화살은 날아가지 못한다. 부모도 따뜻한 보살핌 속에서 아이의 힘을 모으고 진로 방향을 찾도록 도와줘야 한다. 때가 됐다 싶으면 재빨리 아이를 놓아주고 스스로 날아가도록 기다릴 줄 알아야 한다. 아이는 적정 시기가 되면 세상 속으로 자유로이 날아갈 능력이 생긴다.

요즘 부모들은 아이에게 안정된 삶을 제공하는 것을 넘어 그 이상까지 제어하려 든다. '아이가 아직 모르는 게 많아서' '아이 옆에서 챙겨주고 싶어서'라는 이유로 마냥 붙잡고 있지는 않은가? 제때 떠나지 못한 아이는 캥거루가 되어버린다. 품을 떠나지 못하는 아이의 삶을 끝까지 책임질 수 있는 부모는 없다. 아낌없이 주며 느낀 만족감은 버려야 한다. 아이와의 안정된 관계에 중독되어 지금이 영원하리라 믿고 있지는 않은지 돌아볼 때다.

자신만의 확고한 철학을 가진
부모가 되는 일

+

당신의 자녀는 당신처럼 자랄 것이다.
그러므로 아이들이 자라길 원하는 모습이 되어라.

- 데이비드 블라이David Bly

'적당한' 훈육의 기준은 무엇일까?

출근한 아침, 눈에 띄는 신고 내용이 있었다. '아이가 아버지를 때렸다'라는 가정폭력 신고였다. 내용을 확인하고자 먼저 어머니와 통화했다. 가장 객관적으로 상황을 이야기해 줄 수 있는 가족이었기 때문이다. 확인 결과 아이가 아버지를 때린 것은 사실이었다. 그러나 그 이면에는 어릴 적부터 이어진 아버지의 끊임없는 폭행이 먼저 존재했다. 아버지는 밖에서 스트레스를 받거나 술을 마시면 아이를

166

불렀다. 그리고 평소 아이가 제대로 하지 못한 일들을 하나씩 지적하기 시작했다. 지적 끝에 화가 나면 참지 못했다. 손으로, 골프채로 사정없이 때렸다. 저녁 시간, 아버지의 호출은 분명 아이에게 엄청난 두려움이었으리라. 계속된 폭력에 노출된 아이의 마음은 어땠을까? 나는 당사자인 아이의 이야기를 들어보았다.

"처음에는 제가 잘못해서 맞는 거라 생각하고 받아들였어요. 그런데 점점 아버지의 화풀이 대상이 된 것 같아 화가 났어요."

반복된 폭력에 아이의 마음은 복수심으로 가득 채워졌다. 아버지가 자신을 부르고 화를 내면 더 이상 참지 않았다. 아이는 고등학생이 되자 역으로 아버지를 때렸고, 충격을 받은 아버지는 112에 신고하고 말았다.

폭력은 어떤 이유로든 정당화될 수 없다는 사실을 아이의 아버지도 알고 있었을 것이다. 그러나 훈육의 기준을 자신에게는 관대하게 적용했다. 아이가 어릴 때는 행동으로 제지하고, 초등학교에 들어가면 규칙을 정확히 알리고, 초등학교 고학년이 되면 대화로 훈육해야 한다. 그런데 요즘 보면 반대로 훈육하는 부모가 많다. 어릴 때는 친구 같은 부모가 된다며 혼내거나 제지하지 않는다. 그렇게 크다 보니 더 많이 제지할 것이 생기고 뒤늦게 혼을 내게 된다.

'훈육'은 부모를 딜레마에 빠지게 한다. 훈육의 적정한 수준을 정의하기가 어렵기 때문이다. 그러나 알 수 있는 방법이 있다. 아이가 힘들어하면 훈육이 잘못되고 있다는 신호다.

"다 너 잘되라고 하는 거야"라는 진부한 말로 넘기면 안 된다. 훈육을 할 때는 부모가 전달하려는 메시지부터 제대로 알려야 한다. 위 사례에서 아이는 아버지가 진짜 훈육 대신 자신을 화풀이 대상으로 여긴 사실을 알아냈다. 아버지가 평소 숙제를 챙기지 않는 아이를 훈육하고 싶었다면 어떻게 말해줘야 했을까? 지금 숙제하는 것보다 성실하지 못한 습관이 살아가며 더 큰 불편함을 야기한다는 의미부터 알려야 했다. 훈육이라는 명목하에 맹목적인 비난과 질타, 폭력을 가하는 일은 차근차근 불행한 아이로 만드는 작업일 뿐이다.

부모는 엄연한 가정의 인성 철학자

세상과 인생을 바라보는 관점, 잘 살아가는 방법을 고찰하고 깨달음을 얻은 부모라면 그것이 길가에 널린 개똥철학이라 할지라도 존중받아야 한다.

먹고살아야 해서 바삐 사는 것, 아무런 기준과 결론 없이 살아가는 것만큼 무서운 일은 없다. 아무 생각 없이 살아온 삶의 끝자락, 그제야 고통스러운 질문이 떠오른다. '지금껏 나는 무엇을 위해 살았던가?'

철학자처럼 딱 부러지는 명제와 논리정연함은 없어도 괜찮다. 먼저 삶의 깨달음을 얻은 부모의 신념을 꾸준히 아이에게 알리는 일이 중요하다. 아이는 부모에게 배운 것을 토대로 재해석한 후 '자신만의 철학'을 만들어나가게 된다. 그렇다면 부모의 기준을 세우는 일은 어디서부터 시작되는 걸까?

부모가 직접 삶 속에서 체득할 수도 있다. 그러나 뛰어난 삶의 창고인 책 속에서 찾아내면 '기준의 질'은 더 좋아질 수밖에 없다. 아이에게 내보이기 위한 가짜 독서 시늉은 하지 말자. 책 육아를 위해 부모가 책을 펴놓고 몰래 휴대폰을 숨겨 본다는 우스갯소리를 들은 적이 있다. 그런데 책을 읽은 아이만 똑똑해지면 그만일까? 배움에는 나이가 없다. 궁극적인 행복한 삶을 위한 독서는 부모에게 반드시 필요하다. 독서를 통해 얻어낸 부모의 지적 성장은 육아철학에도 큰 영향을 미친다. "사과는 결코 사과나무에서 멀리 떨어지지 않는다"라는 미국 속담이 있다. 올바른 기준을 갖춘 부모의 가르침은 아이의 성장에 시너지 효과를 주는 선순환을 이룬다.

만약 자신의 철학 속에 잘못된 기준이 만들어진다면 어떻게 될까? 히틀러가 유대인을 학살한 이유는 단순했다. 자신의 혈통만이 최고라고 생각했기 때문이다. 히틀러는 자신이 세운 기준에 따라 움직였다. 이렇듯 한 사람의 결심은 역사를 바꿀 정도로 그 영향력이 엄청나다.

성폭행을 저지른 자식을 감싸고 오히려 피해자의 행동을 탓하는 부모를 본 적이 있다. 남들의 비난에도 아랑곳하지 않고 당당한 모습에 혀를 내두를 수밖에 없었다. 부모가 바른 인성에 대한 기준 없이 오로지 '자식'이란 점에만 포커스를 맞췄기 때문에 가능한 현상이다. 미국의 소설가 리처드 바크Richard Bach가 쓴 《갈매기의 꿈》에는 이런 말이 나온다.

> "우리는 이번 생에서 배운 것을 통해 다음 생을 선택
> 한단다. 아무것도 배우지 못하면 다음 생은 이번 생과
> 똑같아. 한계도 똑같고 감당해야 할 무거운 짐도 똑같
> 지."

《갈매기의 꿈》의 주인공 조나단은 수많은 갈매기 중의 하나였다. 그러나 스스로 다음 세계를 선택하고 성장해 나간다. 애초에 배운 것이 무엇인지에 따라 다음 세계의 선택지가 정해진다. 아이 스스로 직접 경험을 통해 배우는 것뿐 아니라, 부모의 가르침에 따라 '추구하는 가치'가 달라진다. 부모의 인성교육을 강조하는 이유가 바로 여기에 있다. 아이 스스로 체득한 것에만 기대면 온전한 결과로 나아간다는 보장이 없다.

부모의 육아철학은 거창한 게 아니다. 지금은 대학교수가 된 지인 B의 어머니는 B가 공부를 하기 싫어하는 날에는 원하는 대로 들어주었다고 한다. 큰일이 날 것처럼 혼을 내거나 펜을 붙잡기를 권유하지 않았다. "푹 쉬고 나중

에 공부하고 싶을 땐 열심히 해"라며 내버려두었다. B의 부모는 아이를 존중했다. 부모에게 존중을 받은 아이는 당연하듯 타인을 존중하게 된다.

평소 부모의 대화법은 그냥 나오지 않는다. 부모가 가진 인생철학의 울타리를 벗어나지 않는다. 아이를 위혜 부모의 인생철학의 질을 높여보자. 도서관은 언제든 열려 있다.

넓은 세상,
함께 갈래?

✦

세계는 한 권의 책이다.
여행하지 않는 사람들은 그 책의 한 페이지만 읽는 것과 같다.

- 아우구스티누스Augustinus

밥을 잘 챙겨 먹으면 신체가 성장하고, 책을 많이 읽으면 두뇌가 성장한다. 그렇다면 마음이 성장하려면 어떻게 해야 할까? 아이는 세상 속에서 '우리'로 맺어진 가족과 함께하며 마음을 성장시킨다. 그렇기 때문에 '우리' 속에서 배우는 성장 원동력, '인성의 힘'이 중요하다.

여기 아이의 마음을 키우는 영양제가 있다. 바로 '우리'가 세상을 함께 경험하는 일이다. 옛말에 '엉덩이를 털고 일어나는 순간부터 돈'이라고 했다. 그러나 문밖을 나가면 귀한 것들이 가득하기에 오늘도 나는 엉덩이를 든다. 여행에서 실패할수록 스토리는 많아진다. 힘들어 피하고 싶은 경험도 결국은 추억이 되고, 마음 어딘가에 고스란히 남는다. 찹쌀떡에 콩고물을 한번 묻히면 털어내도 콩고물이 남는다. 그렇게 달콤한 인절미가 완성된다. '가장 중요한 건 눈에 보이지 않는다'라는 어린 왕자의 말을 믿어보자.

아이는 경험한 세상만큼 커진다

"어머나, 하루 사이에 이렇게나 많이 자랐네!"

친정에 들른 어느 날, 엄마가 감탄하는 소리가 들렸다. 거실에서 키우다 전날 마당에 내놓은 몬스테라를 보고 한 말이었다. 몬스테라 중에 아단소니 품종은 성장 속도가 빠른 편이다. 그래도 내어놓자마자 단시간에 줄기가 몇 cm나 더 뻗은 것은 참 신기한 경험이었다. 잉어를 어항에 넣으면 길이가 5~8cm밖에 자라지 않는다. 하지만 연못에서는 12~25cm까지 자란다. 넓은 강에선 90~120cm까지나 자랄 수 있다. 왜 그럴까? 잉어가 물속 산소포화도 등을 고려해 살아갈 정도만 몸의 크기를 키우는 것으로 유추해 볼 수 있다. 더 자라고 싶어도 상황이 여의치 않으니 주어진 환경 속에 맞춰 살아가는 것이다.

나는 주말마다 집 주변이나 근교로 나간다. 이도 저도 하지 않을 땐 오후 늦게 도서관에 가서 책을 빌리고, 최신 영화 DVD도 감상한다. 그러다 어느 순간 여행이 필요한 시기가 되면 몸이 신호를 보낸다. 먼저 잠으로 채울 수 없는 일상의 피로도가 극에 달한다. 이렇게 여행에 대한 갈증이 시작되면 우리나라 지도를 보며 행선지를 정한다. 아이들과 여행지를 정할 때마다 우리나라에서 태어나서 정말 다행이라고 느낀다. 차를 타고 2시간만 가면 산이 있고, 바다가 펼쳐지는 대한민국이 참 좋다.

목적지가 정해지면 우리는 책을 찾아 읽는다. 예를 들어 전라도 변산반도의 채석강이 목적지라면, 바닷물의 침식을 받으며 쌓인 퇴적암에 대해 알고 간다. 그리고 채석강에선 세월 속에 쌓인 다양한 암석의 종류를 눈으로 짚어가며 찾아본다. 자연이 이뤄놓은 엄청난 유산을 알아가는 싱싱한 경험을 맛본다. 집 주변이 전부인 개구리였던 아이는 여행을 통해 드넓은 세상을 나는 새가 된다. 전에 없던 생각과 호기심을 키우는 경험을 쌓는다. 시들거리던 우리는 생생한 자연의 숨소리를 들으며 함께 싱싱해진다.

아이를 키워본 사람은 모두 공감하는 말이 하나 있다. "여행을 다녀온 후 갑자기 아이의 몸과 생각이 달라졌어요." 정말 신체적으로는 키가 커진 것 같고, 정신적으로도 한층 성장했음을 느낀다. 혹시 잉어처럼 넓어진 세상의 경계를 알아채고 아이 몸이 먼저 반응한 것은 아닐까?

조기 영어 대신 '조기 여행'

아쉽게도 주변에서 조기 영어라는 말은 많이 들었어도 조기 여행 소리는 들어본 적이 없다. 여행지에서 누리는 다양한 경험 외에 우리가 얻을 수 있는 가장 좋은 이점은 '아이와의 소통'이다. 자꾸만 부딪히는 아이와의 관계 회복을 위해서는 여행이 최고일 수 있다. 하지만 평소 가지 않던 여행을 가자고 하면 아이가 부담스러울 수밖에 없다. 마지못해 떠난 여행지에서 아이는 휴대폰만 하거나 말없이 질질 끌려다니는 모습을 보인다. 부모는 그런 아이에게 실망하면서 여행이 괜한 갈등만 생기는 계기가 된다. 그렇게 다시는 여행 가자는 소리를 함부로 꺼내지 못한다. 그래서 가능한 한 일찍 가족여행을 권유한다. 바쁘다는 핑계로 집 근처 유원지나 명소를 다녀온 것은 여행이 아니다. 외출과 여행은 다르다. 외출을 하며 아이와 속 깊은 대화를 나눈 적이 몇 번이나 있는지 생각해 보자. 짧게 이동해서 정해진 체험을 하고, 식사를 마친 후 돌아오며 단발성 대화를 하다가 그마저도 흐지부지 끝난다.

프랑스의 소설가 스탕달Stendhal은 "여행의 최대 기쁨은 변천하는 사물에 대한 경탄이다"라고 말했다. 낯선 여행지에서 벤치에 앉아 노을을 감상하고, 해안가 둘레길을 자전거로 내달리기도 하고, 높은 산에 올라 반짝이는 별을 바라보자. 평소와는 색다른 공간과 느낌 속, 눈앞의 풍경을 보며 스스럼없는 대화의 장이 열리게 된다.

가급적 일찍, 자주 여행을 다닐수록 이러한 경험의 양이 늘어간다. 가족 간 소통이 원활해지고 관계도 더 끈끈해진다. 가족여행은 단순한 휴가 이상의 의미가 있다. 아이는 행복하고 소중했던 그 순간을 100살이 되도 꺼내 볼 기억의 방에 영원히 저장해 둔다. 잊지 말자. 오늘 떠난다면 내일보다 조기 여행이란 사실을.

여행하기 좋은 나이란 없다

휴직 후 큰마음을 먹고 미국 여행을 갔다. 7살, 12살 아이 둘을 데리고 엄마 혼자서 가는 여행이었다. 여행지에서 만난 사람들이 말했다.

"아직 둘째가 어려서 힘들겠네. 다 기억하지도 못할 텐데 말이야."

엄마 혼자 아이 둘을 멀리 데려오니 안쓰러워서 하신 말씀이라 생각한다. 그렇다면 여행하기 가장 좋은 나이는 언제일까?

여행지에서 초등학교 교사로 일하셨던 70대 여성 두 분을 만났다. 처음엔 두 분에게 체력적으로 벅찬 일정이지 않을까 걱정했으나, 곧 오산임이 밝혀졌다. 오히려 나보다 더 건강하고 에너지가 넘치는 분들이셨다. 이 여성들이 여행하기 좋은 나이는 과연 언제일까?

아이와 노인을 막론하고 여행은 기억보다 '느낌을 남기는 여정'이라고 생각한다. '라스베이거스'니, '그랜드캐니언'이니 하는 지명이나 위치, 특색을 기억하는 건 중요치 않다. 거리 악사의 황홀한 빈 병 연주, 재즈 가수가 전하는 흥겨운 분위기를 온몸으로 받아들이자. 또는 콜로라도 강이 흐르며 만든 거대한 협곡과 서부 인디언의 슬픈 역사를 마음으로 느끼는 것만으로 여행의 성과는 충분하다. 이전에 느껴보지 못한 새로움을 만끽하면 그만이다. 여행 중 받은 찰나의 느낌이 아이에게 어떤 결과로 돌아올지는 아무도 모르는 법이다. 그러나 분명 긍정적인 모습이리라 확신한다.

국제학술지 〈사이언스〉에서 기억에 관한 연구 논문을 발표한 적이 있다. 사람은 어떤 사물을 볼 때 뇌의 전두엽 앞부분과 해마 피질 부분이 오래 자극받으면 그 기억을 쉽게 잊지 않는다고 한다. 기억은 경험에 따라 오래 기억될 수 있지만, 쉽게 사라질 수도 있다는 것이다. 물건의 위치는 잊어버려도, 오래전 본 영화의 주인공을 기억하는 이유다. 그래서 나는 각 여행마다 '고유한 느낌'을 아이에게 남겨주고자 노력하는 편이다. 아이는 미국 샌프란시스코 금문교 위를 걸을 땐 팝송 〈샌프란시스코〉를 40분 내내 반복 듣기 했다. 전주 벽화마을에서는 아이가 '외발수레'를 뒤뚱거리며 끌다 손에 굳은살이 박였다. 국립공주박물관에서는 무덤을 지키는 '진묘수' 모양의 자석을 자신의 수호신이라 여기며 한참 지니고 다녔다. 몇 년이 지난 지금, 아이는 '진묘수'라는 단어를 기억할까? 설사 이름을 기억하지 못해도 상관없다. 언젠가 우연히라도 진묘수를 본다면 아이는 이렇게 말할 것이다. "어! 나 이거 박물관 가서 본 건데!"

이제 다시 생각해 보자. 아이가 여행하기 좋은 나이는 언제일까? 5살, 10살, 15살, 심지어 100살까지도 모두 여행하기 좋은 나이다.

철인 부모라는
함정

✦

마음이 현실을 만들어낸다.
우리는 마음을 바꿈으로써 현실을 바꿀 수 있다.
- 플라톤Plato

부모는 철인이 아니다

"내 아이는 어릴 적의 저처럼 살게 하고 싶지 않아요."

주변에서 이런 말을 수없이 들어봤을 것이다. 어릴 적 부모가 가지지 못했던 환경을 자식만큼은 누리며 살게 하려는 마음에서 나온 말이다. 그래서 열심히 일한 노동의 대가를 전부 아이를 위해 흔쾌히 지불하기도 한다. 세상의 다양한 것을 누리며 사는 아이의 삶에 만족감을 느낀다. 주중에는 학원 스케줄을 함께 챙기고, 주말에는 아이를 위한 음식을 준비하고 외출을 나간다.

이 책에서도 부모의 역할이나 의무에 대해 많은 이야기를 하고 있다. 부모가 아이 인성을 챙겨주길 바라는 마음에 쓰는 책이니 당연하기도 하다. 그러나 하나 명심할 것이 있다. 우리 부모는 철인이 아니라는 사실이다.

대학을 졸업한 후 회사에 입사한 신입사원을 떠올려 보자. 그 누구도 입사하자마자 완벽한 일 처리를 요구하지 않는다. 신입사원의 실수를 귀여워하고, 시간이 지나면 좀 더 나아질 거라 격려도 해준다. 그러나 대한민국에서 유일하게 직책을 맡자마자 완벽함을 강요받는 직업이 있다. 바로 부모다.

아이를 낳고 들어간 산후조리원에서 "엄마, 이리 와서 아기 안으세요"라는 말을 들었을 때 생각했다. '아, 이제 내가 엄마가 되었구나.' 그렇게 갑자기 우리는 부모라는 직업을 얻는다. 단 한 번도 부모 교육을 받은 적은 없지만, 해야 하고 더욱이 잘해야 한다. 기한은 아이가 다 클 때까지다. '초보엄마', '초보아빠'라는 측은한 단어로 포장을 해주다가도 제대로 못 하면 죄책감에 빠지게 만드는 이상한 사회 기류가 흐른다. 여기서 '제대로'라는 표현도 참 모호하다. 주변을 둘러보면 모두 처음 해보는 육아지만 나름대로 애써가며 부모의 역할을 수행한다. 마치 무쇠처럼 강한 철인들 같다.

'철인3종경기'라는 게 있다. 쉬지 않고 극한으로 내몰리며 해내기 때문에 '철인'이라는 단어가 붙었다. 경기에서 좋은 성적을 기록한 선수 역시 이전에는 평범한 사람들이었다. 경기 전 숱한 연습이 있었기에 가능한 일이었다. 그런데 예행연습 한번 못 해보고 육아를 시작하는 부모들은 바로 철인이 되어버린다.

부모가 된 후 몸과 마음을 다해 아이를 돌보지만 휴식은 반드시 필요하다. 특히 어린아이를 키우는 가정을 보면 안쓰럽다. 부모 둘 다 함께해야 할 필요가 없는데도 모든 것을 같이 하려는 부모가 많다. 늘 함께여야 정답은 아니다. 어느 한쪽이 힘들 때는 서로 배려해서 번갈아 가며 쉬는 게 더 좋을 수도 있다. 아빠, 엄마가 각자 혼자만의 시간을 확보하는 것이 멀리 보면 옳다. 키즈카페에 엄마 혼자 아이를 데려가고, 때론 엄마 혼자 카페의 여유를 즐기는 식이다. 엄마와 아이의 키즈카페 타임에 아빠는 주말의 게으름을 누리고, 엄마의 커피 타임에 아빠는 아이와 집 앞에

나가 자전거를 타면 어떨까. 매일 둘 다 철인 복장을 할 필요는 없다.

부모의 주말을 지켜내라

요즘 아이와 부모의 관계를 보면, 계단 위에서 아이가 내려다보고 그 아래에 선 부모가 아이를 올려다보는 형국이다. 아이만 바라보는 부모의 삶을 들여다보자. 아이가 부모 삶의 중심이 되면 그 좋던 부부 사이는 직장동료처럼 변한다. 예를 들어, 오랜만에 주말 외식을 하기로 했다고 치자. 아빠는 얼큰한 해물탕을 먹고 싶어 이렇게 말한다.

"매일 네가 먹고 싶은 거 먹었잖아. 오늘은 아빠가 먹고 싶은 거 먹으러 가자."

그러나 아이는 한 치의 물러섬도 없다. 여느 때처럼 스파게티를 먹겠다고 고집을 부린다. 이런 경우에 부모는 어떤 선택을 할까? 아마 열에 아홉은 스파게티를 먹으러 갈 것이다. 어릴 적에는 아이가 매운 것을 먹지 못해 어쩔 수 없었다. 그러나 아이가 초등학생이 되어도 부모가 원하는

184

메뉴는 아이의 선택 앞에 가차 없이 묵살되곤 한다.

점심시간, 구내식당에서 밥을 먹던 또래 직원들과 이 문제를 이야기한 적이 있다. 대부분 이런 고민을 해본 적이 있었고, 아이의 의견을 따른다는 집이 다수였다. 그때 한 남직원 D가 한 말이 인상적이었다.

"부모도 사람이잖아요. 우리 집은 짬뽕, 주꾸미, 족발 등 먹고 싶은 거 다 먹어요."

그러자 바로 옆 직원이 깜짝 놀라며 물었다.

"그럼 아이는 뭐 먹여요? 그런 식당은 아이 메뉴가 한정적이잖아요."

D가 다시 말했다.

"김밥 사서 가죠. 식당에 들어갈 때 아이 음식을 사왔는데 먹어도 되냐고 양해를 구하면 돼요. 지금까지 안 된다는 식당은 한 번도 못 봤어요."

보통 김밥을 먹이자는 제안을 하면 부모 둘 중 한 명이 반대한다. 그러나 D는 매일 김밥을 먹이는 것도 아니고, 어쩌다 한 번 아이에게 김밥을 먹이는 일이 나쁜 것은 아니라고 말한다.

직장인에게 주말 가족 외식은 특별한 의미를 가진다. 회사에서 먹는 음식은 원치 않는 메뉴나 사람이 있어 불편하기 짝이 없다. 그렇기 때문에 밥하기 싫은 주말, 가족과 집 근처에서 편한 식사를 하고 싶기 마련이다. 목 늘어진 티셔츠에 추리닝 바지를 입고 편안하게 대화할 수 있는 시간이기도 하다. 맛있는 음식을 먹으며 소주 한잔 기울이는 재미. 이런 시간을 통해 사회인이기도 한 부모는 다시 달릴 수 있는 힘을 충전한다.

황금의 시기가 지나가고 있다

워킹맘인 지인 B는 시댁, 친정의 도움 없이 아이를 키웠다. B는 직장 업무보다 아이를 돌보는 일을 최우선으로 여겼다. 유명 학원 설명회가 열리는 날은 휴가까지 써 참석할 정도로 교육열 또한 높았다. 하나뿐인 아들은 자사고를 거친 후 치른 수능을 망쳤다. 그래서 다시 유명한 재수 학원에 보냈고, 다행히 만족할 만한 대학에 진학시켰다. 그 후 한동안 소식을 듣지 못하다 얼마 전 우연히 통화를 하게 되었다. 단번에 심상치 않은 목소리가 들려왔다. 김빠진 콜라처럼 힘없이 가라앉은 목소리로 B가 말했다. "아이가 취업을 하고 회사와 가까운 오피스텔로 이사를 갔어. 그럼 이제 나는 뭘 하지?"

B는 아이만 잘되면 다 잘되리란 마음으로 살았다. 아이의 교육을 위해 회사 커리어는 다 포기했다. 이미 회사에서는 직장 후배들이 B보다 높은 직급을 달고 있었다. 30살부터 50살. 약 20년이란 긴 시간 동안, 정성껏 잘 쌓은 국보급 탑을 보는 낙으로 살았다. 그런데 탑이 저 멀리 걸어가버렸다. 탑이 있던 자리와 함께 B의 몸과 마음도 텅 비어버렸다.

"우리 애만 잘 크면 좋겠어."

B가 입버릇처럼 늘 하던 말이다. 그러나 아이의 삶이 온전한 부모의 인생이 될 수는 없었다. 아이가 잘 크는 동안 B는 잘 성장하지 못했다. 정작 B의 인생 황금의 시기는 내버려두었다. 어쩌면 B는 황금의 시기에 무언가를 찾았음에도 애써 못 본 척 산 것은 아니었을까?

또 다른 친구는 1년째 탁구를 배우고 있다. 탁구장을 다니는 이들의 평균 나이대는 50대 이상이었다. 그중 친해진 중년 여성들은 모두 입을 모아 이렇게 말했다고 한다.

"뭐든 일찍 배우는 게 정말 잘하는 거야. 우리는 늦게 배우니까 실력이 좀처럼 늘지를 않아."

공교롭게도 아이를 돌보는 때는 부모도 성장할 수 있는 중요한 시기이기도 하다. 이러한 황금의 시기에 부모 역시 이전에 하지 못했던 새로운 일을 찾고, 또 다른 사회적 관계를 만들어나가야 한다. 미국의 교육학 교수 빌 아이어스 Bill Ayers는 이렇게 말했다. "자녀가 당신에게 요구하는 건 자신을 있는 그대로 사랑해달라는 것이지, 온 시간을 바쳐서 자신의 잘잘못을 가려달라는 게 아니다." 아이만 돌보지 말고 자기 돌봄도 중요하게 여기라는 의미이다. 아이의 예체능 학원을 챙기고 유기농 식단으로 밥을 차려주는 것처럼, 부모도 규칙적인 운동과 건강한 식이요법, 질 좋은 수면 등 자신의 몸과 마음을 챙기며 살아야 한다.

'빈둥지증후군'이란 말이 있다. 자녀가 성장하여 집을 떠나 독립했을 때 부모가 느끼는 상실감과 외로움을 말한다. 아이의 양육이 삶의 전부라 여겼던 부모는 갑작스러운 변화에 공허함을 느낀다. 공허함은 우울증이나 수면장애 등으로 발전하기도 한다. 자녀를 키우면서 멀리 보라는 말은 교육에만 해당하지 않는다. 아이는 언젠가 새가 되어 훨훨 날아갈 것이다. 놀부처럼 아이 다리를 뚝 부러뜨리고 날지 못하게 할 부모는 없다. 결국 둥지 안에는 부모만 덩그러니 남을 것이다. 이때 어떻게 살아갈지를 미리 염두에 두어야 한다.

훗날 노부부가 된 부모의 모습을 떠올려 보자. 오매불망 아이만 바라보던 부모는 각자의 방에서 무료한 시간을 보낼 것이다. 젊은 시절에는 오직 아이 이야기만이 대화의 주제였다. 아이 위주의 삶은 자연스럽게 부부간에 대화하는 방법을 잊게 만든다. 서로를 더 이해하거나 알아갈 필요가 없어지는 것이다. 독립한 자녀의 부재로 둘만의 대화거리 역시 어느새 연기처럼 사라진다.

반면, 황금의 시기에 자신을 성장시킨 노부부의 삶의 모습은 다르다. 이미 부부만의 목표를 만들었기 때문에 함께하는 시간이 많다. 같은 취미를 갖고, 새로운 활력과 기쁨 속에서 노후를 함께 즐기는 인생을 산다. 젊을 때 삶의 지향성을 발견하려는 노력을 꾸준히 해야 한다. '우리가 진정 원하는 삶이란 무엇인가?'를 부부가 함께 고민하길 바란다. 금과 은의 발굴, 식민지 건설로 영원불멸할 것 같던 강대국 스페인을 기억하는가. 언젠가 황금시대는 저문다.

4장

사람을 귀하게 여기는
아이로 키우기

네가 있기에
내가 있다

✦

등 뒤로 불어오는 바람, 눈앞에 빛나는 태양,
옆에서 함께 가는 친구보다 더 좋은 것은 없으리.

- 에런 더글러스 트림블Aaron Douglas Trimble

외국은 아이가 태어났을 때부터 철저히 독립적으로 키
운다. 갓 태어난 아이도 각자의 침대에서 잠을 자도록 분
리시킨다. 이에 반해, 우리나라에서는 바로 옆에서 함께
잔다. 아이가 찾을 때 바로 반응하며 아이를 키운다. 아이
가 젖을 빨 때는 엄마가 옆에 누워 있거나 안아준다. 엄마
의 따뜻한 품 안에서 심장 소리를 들으며, 그 편안함을 함
께 먹는다. 그리고 편안함에 취해 새근새근 잠이 들곤 한
다. 외출할 때는 어떤가. 포대기와 아기띠를 하며 엄마와
한 몸처럼 다닌다. 이런 과정을 거치고 자란 아이는 그 누

구보다도 부모와의 관계를 편히 여긴다.

평생 가는 첫 만남의 느낌

아이는 처음 상호작용하는 양육자의 반응을 토대로 세상을 본다. 좋았던 느낌 그대로 다른 사람들을 만나고, 그들을 신뢰하며 만남을 이어간다. 부모의 보살핌 속에서 자란 믿음 덕분에 상대가 나를 버리거나 미워하지 않음을 확신하게 된다. 그래서 애착 형성이 잘된 아이는 친구들과의 만남이 즐겁다. 혹여 싸우더라도 부모의 지지 덕분에 다시 관계를 이어나가고자 시도할 수 있다.

정신건강의학과의 조선미 교수는 가정에서 화를 내는 부모의 모습을 경계해야 한다고 말한다. 자신을 돌봐주는 부모가 반복적으로 화를 내면 아이는 굉장히 위협적인 상황처럼 느낀다고 한다. 문제는 반복적인 화로 인해 아이의 분노와 두려움을 관장하는 뇌 영역이 매우 과민해진다는 점이다. 이런 회로가 만들어지면 아이의 내면에 깊이 남는다. 그래서 성인이 되어서도 누가 화를 내거나 목소리를 높이면 굉장한 스트레스를 받게 된다고 경고한다.

　또 다른 문제는, 이런 스트레스 속에서 아이들은 부모에게 버려질지 모른다는 위협도 함께 느낀다는 사실이다. 이렇게 부모와의 관계가 끊어질 수 있다는 두려움을 느꼈던 아이는 사회에서 관계를 맺은 후에도 불안정한 모습을 보인다. 결국 평범하지 못하고 예민한 모습 때문에 사람들과의 관계가 끊기는 결과를 낳는다. 부모와의 긍정적인 애착과, 화가 섞이지 않은 담백한 훈육 태도가 중요한 이유다.

　아이가 관계의 가치를 배우는 첫 만남. 그렇다고 너무 부담을 갖진 말자. 부모는 슈퍼맨이 아니다. 완전한 사람이 없듯, 완전한 부모는 없다. 우리 부모들은 아이를 존중하고 신뢰와 사랑을 지속하면 그만이다. 가끔은 약속을 잊고, 피곤할 때는 같이 못 놀아주며 거절할 수도 있다. 세상의 모든 이들이 다 자신을 수용해 주지는 않는다는 사실을 아이도 미리 아는 편이 낫다. 마음대로 되지 않는 것을 보며 또 하나의 눈을 뜨게 된다. 부모의 반응에 당장 아이는 속상할 수 있다. 하지만 이 역시 세상을 배우는 예비 공부인 셈이다. 어른이 되어 맛보는 세상은 단맛보다 쓴맛이 더 많다.

친구 하고 싶은 아이의 조건

조선시대의 아동 인성교육서 《동몽선습》 중에 이런 구절이 있다.

"벗이란 부류가 같은 사람이다.
유익한 벗이 세 종류가 있고, 해로운 벗이 세 종류가 있으니
정직한 사람을 벗하며 신실한 사람을 벗하며 식견이 많은 사람을 벗하면 유익하고,
치우친 사람을 벗하며 구미만 맞추는 사람을 벗하며 말재주만 뛰어난 사람을 벗하면 해롭다.
벗이란 그 사람의 덕성을 보고 사귀는 것이다."

오래전부터 어른들은 아이에게 모범이 될 만한 친구와 사귀기를 강조했다. 어린 시절 또래와의 관계 형성은 살아가면서 꽤 중요한 역할을 한다. 부모 이외의 타인들과 겪는 관계의 시작점이기 때문이다. 아이는 상호작용을 통해 사회성을 키우게 된다. 특히 또래 친구는 동등하기 때문에

그만큼 함께 경쟁을 하고, 타협도 하며 관계를 맺는다. 다양한 방식으로 싸우고 화해하며 관계를 배워나간다. 《동몽선습》의 글과 같이, 좋은 친구들과 함께할수록 아이도 그들처럼 좋은 사람이 된다. 그러나 우리 아이가 다른 이들에게 좋은 친구가 될 만한 품성을 갖추지 못했다면 어떨까? 자신이 해로운 친구임에도 좋은 친구와의 관계만 무작정 기다릴 수 없는 노릇이다.

어느 날, 아이를 기다리다 학교 운동장에서 축구를 하는 고학년 무리를 보았다. 그때 갑자기 태클에 걸린 한 아이가 넘어졌다. 그러자 상대편 아이가 달려가더니 말했다.

"미안, 괜찮아?"

아이는 넘어진 친구의 발을 세심히 만져봤다. 주의 깊게 살피더니 친구의 등을 두드리며 일으켰다.

"괜찮아, 다시 축구하자!"

넘어졌던 친구는 환한 미소를 띠며 달려갔다. 그 직전에도 넘어진 다른 아이가 있었다. 하지만 방금 그 아이만큼 세심한 관심과 제스처를 보여준 아이는 없었다. 누가 떠밀지 않아도 상대방의 마음을 알아채고, 세심히 챙길 줄 아는 아이. 이런 아이를 둔 부모가 부러워지는 순간이었다.

어릴 적부터 부모와 안정적인 상호작용이 이루어진 아이는 타인과의 관계에 긍정적이다. 이런 아이들은 친구와 깊은 관계를 형성하려고 노력한다. 친구에 대한 존중과 이해가 있으며, 공감하고 지원할 준비가 되어 있다.

비슷한 느낌이 떠오르는 인물이 있다. 바로 축구선수 손흥민이다. 2018년 자카르타에서 열린 축구 경기에서 대한민국은 이란과 16강전을 치르고 승리했다. 그런데 경기가 끝난 후, 손흥민은 낙담한 이란 선수들의 뒤통수를 한명 한명 감싸주며 격려했다. 경기 직후 손흥민의 인터뷰가 참 인상적이었다.

"경기는 경기일 뿐, 사람은 사람으로서 대하는 것이 중요하다고 생각합니다."

"눈물을 흘리는 어린 선수들이 많이 보였는데요. 분명 선수들에게 더 좋은 기회가 있을 겁니다."

그날 운동장에서 만난 아이는 월드클래스 손흥민처럼 반짝반짝 빛나 보였다. 단순한 사과 정도로 끝냈다면, 태클에 걸린 상대 아이의 기분은 풀리지 않았을 수도 있다. 진심 어린 사과, 친구에 대한 우정을 보여줬기 때문에 상대방의 마음이 풀어졌을 것이다.

우연히 맛있는 식당을 발견한 후 다시 찾아가면 음식 맛이 달라진 곳들이 꽤 있다. 간이 배지 않고 뭔가 겉도는 느낌이 든다. 전과 동일한 레시피로 만들었지만, 맛이 배는 중간 과정에서 뭔가 부족했을 경우다. 그러나 줄을 서 먹는 유명 맛집은 늘 같은 맛이다. 몇 해가 지나도 기준이 같고, 과정도 변함이 없다. 그래서 똑같이 깊은 맛이 유지된다.

사람을 대할 때 단순한 겉치레와 깊은 관심은 명백히 구별된다. 혀끝의 미각만큼 오감을 넘은 육감은 누구에게나 있기 때문이다.

관계의 시작과 이를 유지하는 것은 일찍부터 함께한 부모의 배려와 공감을 통해 배우게 된다. 따뜻한 말 한마디, 진실한 태도는 관계를 이끌어가는 힘을 만든다. 증기기관차가 뜨거운 물이 필요하듯, 아이에게는 뜨거운 힘이 필요하다. 어릴 때부터 아이가 힘을 낼 수 있는 것들을 만들어주자. 티끌까지 모두 모아 가져다주자. 부모의 따스함은 아이를 용광로보다 뜨거운 인간적인 사람으로 만들어준다.

자기가 하고 싶은 대로만
하는 아이

✦

오직 자신만을 위해 사는 사람은
남에게는 죽은 자와 다름없다.

- 푸블릴리우스 시루스Publilius Syrus

이기적인 어른으로 자라면

"너희들 다 죽여버린다. 가만 안 둘 거야."

업무를 하면서 민원인에게 욕설을 들은 경험은 많지만, 웬만해선 넘어가는 일이 대부분이다. 그러나 과도한 욕설, 모욕적인 언행과 더불어 폭행까지 이어지면 공무집행방해 죄가 적용되어 체포된다.

오래전 순경으로 근무하던 때의 일이다. 술만 마시면 112신고를 하던 50대 남성 G가 있었다. 신고 내용은 '술을 마신 후 움직일 수 없다' 또는 '넘어져서 경찰 도움이 필요하다' 등 다양했다. 그러나 확실히 기억나는 신고의 진짜 이유는 따로 있었다. '순찰차로 집까지 태워 달라'는 것이었다. G에게 '순찰차=택시' 같아 보였다. G는 술을 마시고 한 달에 두어 번 같은 신고를 했다. 처음에는 마지못해 집 앞까지 데려다주곤 했다. 그러나 이런 일이 10회 이상 반복되자 다른 신고에 나갈 순찰차가 부족해지는 지경에 이르렀다. 더 이상은 안 된다는 생각이 들었다.

"선생님, 순찰차는 택시가 아닙니다. 다른 신고에 방해가 되니까 다시는 이런 일로 신고하지 마세요."

그렇게 신신당부를 하고 돌아왔다. 며칠 후, 낯선 전화번호로 112신고가 들어왔다. 그런데 신고 내용과 장소를 보니 G와 관련된 사안이란 직감이 들었다. 아니나 다를까, 현장에 도착하니 역시나 노상에 G가 누워 있었다. 지나가는 사람에게 부탁하여 신고를 한 것이었다. 우리는 119를 불러 혈압 등을 확인 후, 집에 데려다줄 수 없다고 알렸다. 그러자 G는 "전에도 태워다 줬으니 당장 집으로 데려다 달라"라며 흥분했다. 단호한 경찰의 태도에 심한 욕설을 하며 우리를 걷어차기까지 했다. 욕설과 발길질이 난무한 G

를 더 이상 그냥 둘 수 없어, 현행범으로 체포하여 입건 처리했다. 얼마 뒤 G가 내 비번 날 찾아왔다는 말을 동료에게 전해 들었다. "공무집행방해죄 사건 처리한 여경에게 사과하러 왔다"라는 내용이었다. 그러나 이미 물은 엎질러진 후였다.

다른 사람의 기분을 살필 줄 아는 마음

집단마다 유독 이기적인 사람들이 있다. 그들의 행동은 어릴 적부터 이렇다 할 제지 없이 자란 결과물이다. 이기적인 사람은 타인의 선의를 이용해 얻는 자기 이익에만 집중한다. 처음에는 양보하는 척 자신의 것을 나눠 주고 속이려 들지만, 이기적인 모습은 금세 들통이 난다. 윤리적으로 바람직하지 못한 행동은 본인보다 남들이 더 빨리 알아채기 마련이다. 이기적인 사람은 자신의 욕심을 채우기 바쁠 뿐, 상대방이 어떻게 느낄지는 전혀 개의치 않는다.

친구의 아이 K는 어릴 적부터 유독 이기적인 모습을 보여 부모의 걱정을 샀다. K는 언제 어디서든 자기 위주로 행동했다. 원하는 건 다 가져야 직성이 풀리는 아이였다. 함께 식사를 할 때도 좋아하는 고기반찬이 있으면 자기 앞에 옮겨 두고 손으로 가리며 먹을 정도였다. K의 장난감을 동생이 만지기만 해도 난리가 났다. 자신이 원하는 대로 되지 않으면 길바닥에 누워버리고, 소리를 지르거나 엉엉 울었다. 마지못해 아이가 원하는 대로 끌려다니던 친구는 어느 날 큰 결심을 했다. 아이와 하루에 한 가지씩 약속을 하고 지키도록 한 것이다. 예를 들어 K와 놀이터에 가는 날에는 이렇게 말했다.

"네가 원하는 대로 되지 않아도 절대 울지 않는 거야."

신신당부하며 서로 약속했다. 그러나 약속 첫날부터 채 5분도 되지 않아, 아이는 눈물을 글썽이며 엄마를 바라보았다. 엄마는 애써 그런 아이의 모습을 외면했다. 시간이 지나자 다행히 아이는 눈물을 삼키고 다시 놀이에 참여했다. 이렇게 정해놓은 약속을 지킨 날, 엄마는 아낌없이 칭찬을 해줬다. 아쉬운 점은 말하지 않았다. 대신 다음 약속에 아쉬운 점을 끼워 넣는 방식으로 이어갔다. 그러나 K가 이기적인 행동을 보이며 약속을 지키지 않은 날엔 단호히 놀이터에 가지 못하도록 했다. 매일매일 정한 약속 안에서

K는 점차 변화했다. 더 이상 자신의 감정에만 집중하며 욕심내지 않았다.

이기적이라는 말은 사회화를 위한 기본기가 덜 되었다는 다른 표현이다. 프로가 되려면 가장 중요한 것이 '기본기'다. 처음 시작할 때 제대로 배워놓은 기본기가 평생 실력을 좌우한다. 기본기를 체화하려면 때론 혹독한 반복만이 정답일 수 있다.

친구들이 놀이에서 배제하는 아이 1순위는 "○○이는 자기가 하고 싶은 것만 하려고 해"라고 언급되는 아이다. 아이의 이기심을 이타심으로 바꿀 수는 없을까?

《아직도 내 아이를 모른다》의 저자이자, UCLA의 정신의학과 임상교수 대니얼 시겔Daniel J. Siegel은 이렇게 말했다. "공감 능력은 인간에게만 주어진 사치품이 아니라 삶을 위한 필수 요소다. 인간이 지금껏 생존할 수 있었던 것은 날카로운 발톱이나 거대한 덩치 덕분이 아니라, 서로 소통하고 협동할 수 있었기 때문이다."

놀이터에서 실수로 친구를 다치게 했다면 어떻게 말하게 해야 할까? 부모는 "어서 친구에게 사과해야지"라는 말보다 "친구가 놀랐겠다. 속상하겠다"라는 표현 방법을 먼저 알려주어야 한다. 일상에서 다른 사람의 마음을 들여다 보는 연습을 하는 것이다. 상대방의 감정에 대해 대화하는 시간이 많을수록, 공감 능력은 늘어난다. 땅따먹기를 하 듯, 원래 이기적이었던 마음의 영역을 이타적인 영역으로 바꿔나간다.

덴마크식 자녀교육에서 답을 찾다

덴마크식 자녀교육을 다룬 책《우리 아이, 어떻게 사랑 해야 할까》를 보면 덴마크 부모만의 특별한 시각이 눈에 띈다. 덴마크 부모는 아이 앞에서 다른 아이에 대해 부정 적으로 말하지 않는다. 대신 다른 아이의 행동을 설명해 주고 왜 그 아이가 무례하게 행동하게 됐는지를 이해시키 려고 노력한다.

"걔가 지금 엄청 피곤하거나 낮잠을 못 자서 그런 것 같 지 않니?"

"아까는 친구가 배고파 보이지 않았니? 배고프면 우리도 얼마나 예민해지는지 몰라, 그치?"

반면에 한국 부모는 밖에서 만난 다른 아이가 울고 소리를 지르거나 화를 내는 등 불편한 행동을 하면 부정적으로 해석하곤 한다.

"저 애는 왜 이유도 없이 화를 낼까?"

"아이 행동이 좀 독특한 것 같아."

부모가 아이 앞에서 타인에 대한 부정적인 감정을 드러낸다. 어쩌면 단순히 느낀 대로 말한 것인지도 모른다. 그러나 감정은 고스란히 아이에게 전해진다. 덴마크식 자녀교육법은 똑같이 상대방의 불편한 행동을 보았음에도 스스로 제어가 불가한 상황일 가능성을 먼저 생각한다. 상대방의 관점에서 이해하고 말해주는 색다른 시선이 돋보인다. 몸과 마음에 배려가 배어 있는 것이다. 모두가 입을 모아 타인에게 공감해야 한다고 말한다. 그러나 실제 생활에서는 벽에 단단히 박힌 쇠못처럼 고정된 시각으로 단정 지어 평가하는 일이 더 많지 않았던가.

덴마크식 자녀교육 내용을 접하며 우리 집에서도 비슷한 상황을 겪었던 일이 생각났다. 밤 10시, 아이들이 더 놀고 자겠다는 것을 제지하자 초등학교 1학년인 둘째 아이는 울음부터 터뜨렸다. 그러자 첫째 아이가 말했다. "너 지금 엄청 졸린가 봐. 그러니까 자꾸 기분이 안 좋지. 빨리 자."

어쩌면 우리는 이미 알고 있었는지도 모른다. 상대방이 이유 없이 짜증을 내거나 무례한 행동을 하는 게 아니라는 사실을. 분명 진짜 이유가 어딘가에 존재한다는 것을 말이다. 단지 타인의 마음을 들여다보는 훈련이 부족했을 뿐이다. 자신만의 잣대로 평가하고 선을 긋거나 함부로 결론 내지 않아야 한다. 관대하게 마음을 열고 수용하는 부모의 모습을 통한 훈련이 필요하다. 혼자서 행복할 수 있는 아이는 세상에 없다.

누구나 친구가 전부인
시절이 있다

✦

완벽한 친구는 없다. 결점 없는 친구를 기대한다면
우리는 결코 친구를 만들 수 없다.

- 《탈무드》

따돌림에 멍드는 아이들

'아이가 자살을 암시하는 문자를 남기고 집을 나갔다.'

112 상황판에 신고가 떨어졌다. 신고 코드분류는 0. 강
력범죄 현행범 등 실시간 전파가 필요한 경우다. 신고 내
용을 보니 심상치 않았다. 신고자인 부모와 통화를 하고,
아이의 마지막 행적과 인상착의를 파악했다. 휴대폰은 전
원이 꺼져 있었다. 마지막으로 휴대폰이 켜진 위치를 보고
아이가 학교에 있었다는 사실을 알아내, 학교 주변을 수색

하기 시작했다.

예전에도 자살을 하려고 했다는 점, 친구 문제로 고민이 많았다는 점이 마음에 걸렸다. 최대한 빠르게 아이를 찾아내야 했다. 우리는 학교 경비원과 함께 옥상을 올라가고, 주변을 샅샅이 뒤졌다. 마침내 학교 담장 밖에서 아이를 찾아낼 수 있었다. 아이의 인상착의가 일치함을 확인한 후 안도의 한숨을 내쉬었다. 함께 출동한 소방차를 돌려보내고 벤치에 앉아 대화를 시도했다. 아이는 울먹이며 한동안 말을 하지 못했다.

'고작 13살밖에 안 된 아이가 마음속에 쌓인 게 얼마나 많은 걸까.'

1시간 넘게 흘렀을까. 끈질긴 설득 끝에 드디어 아이가 죽음까지 생각한 이유를 털어놓았다.

"친하게 지내던 친구들이 따돌려서 학교 가기 싫어요. 그냥 죽고 싶어요."

같은 반에서 4명이 단짝 친구였다고 했다. 그러던 어느 날, 한 명과 사이가 나빠지고 나머지 둘까지 서서히 멀어지더니 따돌림이 시작됐다. 원래 평범한 관계보다 특별하고 친하게 여긴 사람이 멀어지면 더 힘든 법이다. 이런 상황에서는 아이뿐 아니라 어른도 견디기가 버겁다. 인생에는 누구나 친구가 전부인 시절이 있다. 친한 친구들이 갑자기 자신을 따돌리고 투명 인간 취급을 하니 얼마나 괴로웠겠는가.

"부모님이 이 사실을 알고 계시니?"

"네. 이미 알고 계세요. 그런데 딱히 해결되지 않아 괴로워 죽을 것 같아요."

후에 달려온 부모에게 인계하며 아이의 현재 심리와 상황을 최대한 자세히 전달했다. 아이의 고통이 부모의 생각 이상으로 버거울 수 있단 사실을 알렸다. 부디 아이의 힘듦을 제대로 파악하여, 온 마음을 다해 아이를 위한 방법을 찾아내길 진심으로 바랐다.

한 명의 적이 생긴다면

"학교에서 친구들과 사이좋게 지내야 한다."

부모가 등굣길에 나서는 아이에게 하는 단골멘트다. 또래의 아이들은 공감대 형성이 쉽게 된다. 금세 친해지고 재미있게 논다. 그러나 갈등이 생기는 순간부터 이야기는 달라진다. 좋았던 사이는 쉽게 되돌아가지 못하고 왕따, 괴롭힘 등 다양한 학교폭력의 양상으로 발전되기도 한다. 업무 중 경험한 학교폭력, 왕따 사건 대부분은 친한 친구 사이에서 발생했다.

아이에게 친구와 함께하다 보면 다툴 수도 있다는 것 그리고 '내 마음과 똑같은 친구는 없다'라는 사실을 미리 알려주었으면 한다. 싸움의 잘못을 논하기 전, 친구는 자신과 '다른 사람'임을 인지하게 하라는 뜻이다. 같은 사물을 봐도 저마다 미묘하게 다른 감정을 갖는 인간만의 특성을 알아야 한다. 그래야 상처를 덜 받고 이해심도 생긴다. 피치 못할 분쟁이 생겼다면 현명하게 싸울 수 있어야 한다. 분쟁 자체에만 초점을 맞추게 해야 한다.

'복도를 걸어가던 중 같은 반 친구가 어깨를 세게 치고 지나갔다'라고 가정해 보자. 우선 알아볼 것은 왜 상대가 어깨를 치게 되었는지다. 이유를 알았다면 어깨를 친 후에 한 행동의 잘잘못을 이야기해야 한다. 옳고 그름을 함께 따져보는 것이다. 이때 중요한 것은 아주 객관적인 태도여야 한다는 점이다. 속상한 감정을 넣어 상대를 미워하지 않게 한다. 살다 보면 '세상에는 영원한 적도, 영원한 친구도 없다'라는 것을 아이도 알아야 한다.

얼마 전 학교에서 아이에게 생긴 일이다. 실로폰, 트라이앵글 등 악기로 합주 연습을 하던 중, 아이가 이렇게 말했다. "우리 합주가 조금 안 맞는 것 같아. 이 부분부터 다시 해보자."

그러자 같은 반 B가 "네가 뭔데 이래라저래라 하는 거야?"라고 받아쳤다. 친구들 앞에서 기분 나쁜 상황을 겪은 아이는 내게 B가 싫다고 말했다. 나는 이렇게 답했다.

"B는 네가 싫거나 미웠던 게 아니야. 당시의 상황이 불편했다고 말한 것뿐이지."

다음 날 집에 돌아온 아이는 대뜸 B와 화해했다고 말했다. 어떻게 금방 화해하게 됐는지 궁금해하자, 아이는 먼저 B에게 "어제 나한테 왜 그렇게 말한 거야?"라고 단도직입적으로 물었다고 했다. 그러자 B는 이렇게 말했다. "내가 제대로 연주하지 못한다고 말하는 거 같아서 짜증이 났어. 갑자기 화낸 건 미안해."

둘은 오직 당시 상황에 집중했고, 솔직한 대화를 통해 화해할 수 있었다.

1년 동안 같은 반에서 이리저리 부대끼다 보면 분쟁은 언제든 생길 수 있다. 이럴 때마다 상대방의 진짜 사정을 알려고 하지 않는다면 어떨까? 온갖 상상력을 발휘해 가짜 이유를 만들고, 그 사람을 미워한다면 어떻게 될까? 분명 적이 생기게 된다. 고작 한 명의 적이라고 해서 우습게 생각하면 위험하다. 한 명의 적은 앞으로 큰 반향을 일으킬 불씨가 될 수 있다.

만일 그 한 명의 적이 다른 친구에게 아이의 험담을 한다고 가정해 보자. 험담을 나눈 둘은 같은 편이 된다. 그렇게 2명의 적이 만들어진다. 적들이 만든 분위기에 남은 아이들까지 휩쓸린다면 어떨까? 구전의 힘은 생각보다 강력하다. 서서히 반 전체가 아이의 적이 되어버린다. 결국 아이는 교실 한복판에 홀로 남겨진다. "친구는 있다가도 없고 없다가도 있을 수 있지만, 적은 계속 는다." 미국 미식축구 스타 토머스 존스의 말이다.

아무리 적을 만들지 않으려 해도 싫은 사람은 생기기 마련이다. 고등학교 때 만난 담임 선생님은 매사에 현명한 분이셨다. 친구들끼리 다퉈서 교실 분위기가 안 좋은 적이 있었는데, 그때 하신 말씀이 아직까지도 생각이 난다.

"싫은 사람과 친하게 지내라고는 말하지 않겠다. 나도 싫은 사람은 있으니까. 그래도 싫은 내색을 하지 않는다. 때리는 것만 폭력이 아니다. 반 분위기를 마음대로 조종하려는 행동도 폭력이다. 이러한 도박은 미워하는 사람이 결국 더 힘들어지는 판이다."

누구나 처음에는 잘못을 저지른 사람에게 더 시선이 간다. 그러나 나중에는 무조건 자신만 옳다고 믿으며 감정을 드러내는 사람이 유난스러워 보인다. 아무리 합당한 이유를 제시한다 한들, 아이들의 마음은 시들해진다. 이겼다 여기지만 결국 지게 되고, 꼴이 우스워진다.

초코파이보다 더 달콤한
정을 받았다면

✦

사람들이 사랑과 돈보다 더 바라는 2가지가 있다.
바로 인정과 칭찬이다.

- 메리 케이 애시Mary Kay Ash

달콤한 인정을 부르는 무언의 약속

"엄마! 이것 좀 봐!"

우리 아이들이 내게 가장 많이 하는 말이다. 종이접기를
성공했을 때, 팽이가 쉼 없이 돌아갈 때, 공깃돌을 손등에
올렸을 때 등 처음 뭔가를 시도하고 성공하는 과정을 봐주
길 바랐다. 설거지를 할 때, 책을 볼 때, 심지어 운전을 할
때도 뒤를 돌아보라고 했다.

첫째 아이가 초등학교 1학년이었을 때, 담임 선생님과

학부모 면담을 하며 받은 질문이 있다.

"평소 아이가 어머니께 가장 많이 하는 말은 무엇이죠?"

그때 선생님과 대화하며 깨달았다. 우리 아이가 가장 많이 하던 그 말은 인정받고 싶은 욕구의 표현이었다는 것을. 아이의 말은 단순히 눈으로 봐달라는 것이 아니었다. 성공의 순간을 부모에게 인정받고 싶은 욕구의 문장이었다.

인정받는다는 것은 나이를 불문하고 참으로 기쁜 일이다. 직장에서는 상사와 선배에게 자기 능력을 증명하고 싶다는 마음으로 일하고, 이에 따라오는 인정을 받으며 성장한다. 그리고 인정을 받은 사람은 다시 남을 인정하는 아량이 생긴다. 이렇듯 인정의 선순환을 통해 사회성도 좋아진다.

인정의 시작은 무엇일까? 바로 경청이다. 아이가 말을 할 때 건성건성 대답해 준다면 아이도 알아챈다. 자신의 말을 제대로 듣지 않는 부모에게 서운한 감정을 느낀다.

이웃집의 K는 바쁜 워킹맘인데도 동네에 소문이 자자한 모범생 아이를 키워냈다. 퇴근길 저녁, 현관문을 열면 기다렸던 아이가 달려온다. "엄마, 오늘 말이야…" 아이는 학교에서 있었던 이야기를 쉴 없이 K에게 쏟아냈다. 그때 K는 어떻게 했을까? 우선 외출복을 갈아입지도 않고, 집 안일을 하지도 않았다. 그저 아이와 눈을 맞추며 이야기를 전부 들어줬다. 아이가 전할 말을 다 듣고 난 뒤에야 옷을 갈아입고 식사 준비를 했다. 엄마가 자기 말을 제대로 들어준다는 사실을 알고 존중받고 있음을 느낀 아이는 특별한 교육 없이도 좋은 대학에 진학했다. 지금도 아이와 엄마의 관계는 완벽하리만큼 좋다.

얼마 전, 한 초등학교 선생님과 대화를 나누었다.

"요즘 아이들은 존중을 받고 커서 그런지 다들 자신감이 넘쳐요. 스스럼없이 자신의 생각을 발표하는 아이들도 많고요. 그런데 한 가지 아쉬운 점이 있어요. 자기 발표가 끝난 후에는 더 이상 친구의 말에 귀 기울이지 않고 딴짓을 한다는 거예요."

오히려 발표를 적극적으로 하지 않더라도 남들의 발표 시간에 집중하는 친구, 발표의 마무리에 호응과 박수를 보내는 친구가 더 돋보인다고 선생님은 말했다.

남에게 돋보이려는 마음을 현실로 실현하는 순간 만족

감은 크다. 자신을 보고 반응하는 청중의 모습에 쾌감을 느끼기 때문이다. 그러나 남의 인정을 받고 끝낼 일이 아니다. 다른 사람의 말을 듣지 않는 태도는 반감을 사기 마련이다. 상대방의 말을 진지하게 듣고 이해하는 일은 아이에게도 중요하다. 친구의 다양한 경험과 지식을 들은 후 자기 생각에 접목하는 기회가 된다. 아이는 자신의 시야를 넓히고 새로운 관점을 습득할 수 있다.

아이에게 "적극적으로 발표하자"라는 말도 좋지만 "친구가 뭐라고 하는지 잘 들어보렴"이라는 말도 해주자. 경청은 단순히 듣는 것 이상이다. 경청은 '남을 인정한다는 무언의 약속'이기 때문이다.

인정중독에 빠져 있다면

'인정중독'이란 말이 있다. 국내 최고 정신분석가 이무석, 이인수 부자가 쓴《누구의 인정도 아닌》에서는 타인에게 인정받을 때만 자신의 가치를 확인할 수 있는 상태를 인정중독이라고 말한다. 자신으로 인해 상대방이 기뻐하거나 만족할 때 사는 의미를 느끼고, 반대로 인정받지 못하면 자신을 무가치한 존재로 여긴다는 것이다.

경찰이 되고 난 후 처음 사무 업무를 시작할 때였다. 내 업무는 국민신문고 교통민원을 처리하는 일이었는데, 매일 다양한 민원 전화가 쏟아졌다. 주로 내가 적용한 도로교통법을 따져 묻는 불만 민원이었다. 친절하게 객관적인 설명을 해줘도 무작정 화를 내는 사람들이 많았다. 게다가 딴에는 열심히 했던 업무였으나 계속되는 실수에 속상했다. 여러 면에서 자괴감이 들어 우울했다. 그때 회사 벤치에서 만난 선배가 이렇게 말했다.

"나도 다른 선배한테 들은 말이 있어. 세상 사람들의 50%는 나와 절대 맞지 않는 사람이래. 그러니 모두에게 잘 보이려고 하지 마. 아무리 노력해도 나머지 50%의 마음까지 얻을 수 없으니까."

일본의 심리학자 에노모토 히로아키榎本博明가 쓴 《인정욕구》에서는 체크리스트 10가지를 제시하고, 여기서 3개 이상 해당되면 인정중독을 가진 사람이라고 말한다. 부모먼저 '인정중독' 상태에 빠져 있진 않는지 확인해 보자.

〈인정중독 증상〉

1. 다른 사람의 부탁을 잘 거절하지 못한다.

2. SNS 게시물에 '좋아요'가 적으면 기분이 좋지 않다.

3. 사람들과 모인 자리에서 분위기를 띄우려고 노력한다.

4. 상대방의 기분이 상하지 않도록 말할 때 신경 쓰는 편이다.

5. 회사에서 일 잘한다는 평가를 받고 싶다.

6. 매일 밤 내가 말실수한 게 없는지 생각하며 뒤척인다.

7. 사람들에게 좋은 사람으로 보이고 싶다.

8. 상대방의 기분이 안 좋아 보이면 나 때문인가 걱정이 된다.

9. 후배들에게 조언하는 게 어렵다.

10. 타인의 눈치를 많이 본다.

* 《인정욕구》, 에노모토 히로아키 지음, 김지선 옮김, FIKA출판사.

　자라면서 부모에게 인정받은 기억이 없는 아이는 밖에서 인정을 받으려 과하게 애쓰기도 한다. 노력 끝에 주변의 인정을 받으면 좋겠지만 매번 성공할 수는 없다. 그럴수록 아이는 타인의 인정을 더 얻어내고자 자기 것을 포기하며 목을 맨다. 부모는 학교를 거쳐 사회에 첫발을 내디딘 아이에게 "잘해야 한다" "돋보여야 한다"라는 말을 하곤 한다. 하지만 그보다는 너무 애쓰거나 인정받지 않아도 괜찮다고 말해주는 건 어떨까?

미국인들은 "너는 그럴 자격이 있어"라는 말을 밥 먹듯이 쓴다. '너라는 자체 그대로, 특별하고 좋은 사람'이라는 생각을 심어주는 것이다. 내가 잠자기 전 아이에게 해주는 말이 있다. 어릴 적부터 아이가 해냈던 사건들을 이야기해주는 것이다. 신기하고 놀라웠던 순간들을 말할 때마다 아이는 처음 듣는 것처럼 집중한다. 그리고 마무리 멘트는 늘 같았다.

"우리 아들은 나중에 분명 큰사람이 될 거야. 지금도 충분히 멋진 사람이니까."

이미 자주 들은 말이지만 가끔씩 아이가 요청할 때가 있다. 아마 인정 게이지가 떨어진 상태였던 모양이다.

"엄마, 밤에 해주는 좋은 말 그거 또 해줘."

부모에게 받는 인정은 질리지 않는다. 한없이 달고 달다. 달콤한 인정에 흠뻑 젖은 아이는 타인의 인정에 목마르지 않다.

인정은 칭찬과 다르다. 인정은 능력이나 노력을 공식적으로 '인식'시키는 것이고, 칭찬은 노력과 성과를 긍정적으로 '평가'하는 것이다. 즉, 인정은 개인의 업적을 공인하는 데 중점을 두는 일이다. 자신도 잘한 줄 모르는 일을 공인하는 '인정'은 아이에게 큰 기쁨이 된다.

사실 우리 세대는 부모에게 인정의 말을 자주 듣지 못했다. 당시에는 부끄럽다는 이유로 서로에게 따뜻한 말을 건네는 것이 쉽지 않은 분위기였기 때문이다. 아이에게 이런 말을 하는 게 어색한 것은 충분히 이해한다. 결국 우리는 의도적인 훈련을 통해 어색함을 극복해야 한다.

"넌 참 대단해!" "네가 내 아이라서 자랑스럽구나." "역시 끝까지 해낼 줄 알았어."

나 역시 자기 전 이런 문장을 10번씩 반복해서 적어놓고 잠들곤 했다. 잠들기 전 쓰거나 본 것은 특히 기억에 잘 남는다고 한다. 그래서일까? 갑자기 나도 모르게 인정의 말이 튀어나올 때가 있었다. 그때마다 아이는 늘 환한 미소로 화답하며 다시 말할 용기를 북돋아줬다.

결국
인사가 만사

✦

인사의 힘은 불가사의하다.
단 한마디로도 사람들의 마음을 열 수 있다.

- 존 C. 맥스웰John C. Maxwell

만 가지가 풀리는 인사

어느 날, 체험 수업차 눈여겨보았던 어린이 축구 학원을 찾아갔다.

"안녕하세요."

엘리베이터를 내리자마자 빼꼼 얼굴을 내민 아이가 인사를 했다. 나와는 아무런 연고도 없는 사이였다. 그런데도 스스럼없이 인사를 하는 모습에 조금은 당황스러웠다.

"응, 안녕? 여기 축구 학원 다니는 친구구나."

나는 답례 인사를 해줬다. 그런데 여기서 다가 아니었다. 대기실에 앉아 있는데 또 다른 아이가 나타나더니 찡긋 웃으며 "안녕하세요"라고 인사하는 게 아닌가? 하루에 한 번 받기도 힘든 인사를 처음 만난 아이들에게 연속으로 받다니! 마치 극진한 VIP 서비스를 받은 것 같아 기분이 좋은 하루였다.

원래 '인사가 만사人事萬事'라는 말은 모든 일은 결국 사람을 쓰는 일에 좌우되며, 같은 일도 누가 하느냐에 따라 그 결과가 다르다는 의미다. 그런데 나는 사회생활을 하며 먼저 다른 의미의 '인사가 만사'를 배웠다. 바로 '인사만 잘하면 만 가지 일들이 잘 풀린다'라는 의미였다.

사회에는 이미 정해진 규칙이 있다. 사람들은 규칙을 지키며 선을 넘어서 주지도 받지도 않는다. 그러나 어떤 사람들은 규칙의 틀을 벗어나 넘치는 친절이나 도움을 받기도 한다. 왜 그럴까? 이러한 혜택을 받는 사람들은 특유의 매력을 갖고 있을지도 모른다. 그러나 타고난 매력이 딱히 없다고 아쉬워할 필요는 없다. 타인의 호의를 얻어낼 수 있는 비결이 하나 더 있기 때문이다. 바로 인사를 잘하는 일이다. 인사를 잘하는 사람은 인사 덕분에 만사가 잘된다고 믿는다. 원하는 일이 술술 풀리는 비법이다.

인사의 혜택 2가지

혜택1. 먼저 인사하는 사람은 '인간관계'에서 승자가 된다

유독 성격이 활발한 여경 선배가 있었다. 선배는 인사성이 참 바른 사람으로 정평이 나 있었다. 선배는 경찰서 복도 끝에 멀리 떨어져 얼굴조차 제대로 보이지 않는 직원에게도 인사했다. 그것도 쩌렁쩌렁 큰 소리로 잘 들리게 인사했다. "안녕하세요오~"라고 말이다. 그럼 사람들은 "쟤가 누구야?" "저 직원 인사 참 잘하네"라는 반응을 보이며 궁금해했다. 선배는 오직 인사만 열심히 했을 뿐이었다. 그러나 어느 순간부터 경찰서 전 직원이 선배의 존재를 알게 됐다.

"그 인사 잘하는 여경, 우리 부서에 올 생각 있나 한번 연락해 봐."

경찰은 상·하반기 2차례 인사이동을 한다. 수사, 행정, 민원 부서를 불문하고 각 부서 관계자들은 예의 바른 직원으로 각인된 선배에게 콜을 보냈다. 인사철마다 선배에게 전화가 빗발치는 일은 당연한 수순이었다. 특별하게 잘 보이려고 노력할 필요도 없었다. 이 얼마나 확실한 자기 PR 전략인가!

그렇다면 선배가 인사를 잘했던 이유는 무엇일까? 선배는 함께 살던 친할머니가 강조했던 말씀 덕분이라고 했다. 선배의 할머니는 수시로 이렇게 말씀하셨다.

"남의 인사를 받은 후 인사하지 말고, 남보다 먼저 인사해야 예의 바른 사람이다."

선배는 이 말을 귀에 못이 박히도록 듣고 자랐다. 그래서 의심할 여지 없이 '인사는 먼저 하는 것'을 정석으로 알았을 뿐이라고 했다.

평소 적극적으로 인사를 건네지 못했다면 스스로에게 질문해 보자.

'아이의 변화를 위해서 지금 내가 할 수 있는 일은 무엇일까?'

질문을 건넸다면 답을 얻을 준비가 됐다는 증거다. 부모가 먼저 이웃이나 타인에게 인사하는 모습을 보여주자. 아이에게 '인사는 먼저 해야 하는 것'이란 생각의 새싹이 돋

아날 것이다.

혜택2. 인사를 잘하면 '덤'이 생긴다

우리 집 아이는 분리수거를 하러 갈 때마다 만나는 아파트 경비원 아저씨에게 인사를 드렸다. 아저씨는 늘 흐뭇한 얼굴로 받아주고 말을 걸어주셨다. 아저씨의 호의적인 반응이 좋았던 아이는 계속 인사를 이어갔다.

그러던 어느 날이었다. 아저씨는 간식으로 드실 빵과 우유를 챙겨 뒀다가 아이를 불러 손에 꼭 쥐여주셨다. 우리는 깜짝 놀라 받지 않으려고 했다. 그러나 진심으로 아이에게 주시려는 마음이 느껴져, 마지못해 받으며 감사 인사를 전했다. 아이는 빵과 우유를 맛있게 먹었다. 그날 아이가 먹은 것은 단지 간식만이 아니었다. 부모 이외 타인의 사랑까지 먹었던 것이다.

간식을 건넨 경비원 아저씨, 행복해하는 아이, 그 모습을 바라보는 나까지. 챙겨준 덤 덕분에 마음의 온도가 올라가는 그런 날이었다.

제대로 인사하는 법

어릴 적 인사 안 하는 아이를 보며 커서는 잘할 거라고 생각하면 오산이다. 인사 안 하는 아이는 대학생이 되어서도 안 하고, 사회에 나가서는 더욱 잘하지 못한다. 만약 아이가 제때 인사를 하지 않는 이유가 '잊어버려서'라고 말한다면 습관을 만들어주면 된다. 습관보다 강한 것은 없다.

《아주 작은 습관의 힘》을 쓴 제임스 클리어James Clear는 습관을 만들려면 같은 시간과 상황 속에 동일한 행동을 반복하여 루틴을 형성하라고 전한다. 꾸준한 노력과 시간을 통해 신체가 자동으로 움직이게 만드는 것이다. 여기서 중요한 점은 '빠짐없이 꾸준하게' 하는 것이다. 어떤 때는 인사를 하고, 또 다른 때는 하지 않는다면 흐름이 끊어져 습관이 만들어지는 시기가 늦어진다.

토머스 에디슨은 "성공한 사람은 실패한 사람이 좋아하지 않는 일을 하는 습관이 있다"라고 말했다. 인사를 경외시하는 사람들 틈에서 인사 습관이 잡힌 아이의 모습을 상상해 보자. 아이는 칠흑같이 어두운 밤 반짝이는 작은 별처럼 돋보일 수밖에 없다.

아이와 집 밖을 나가는 순간부터 의식적으로 함께 인사하자. 톨스토이는 "어떠한 경우를 막론하고 인사는 부족한 것보다 지나친 편이 낫다"라고 말했다. 이렇듯 인사 방법은 매우 단순하지만 일관되어야 한다.

하나, 만나는 사람마다 빠짐없이 한다.
둘, 눈을 맞추고 한다.
셋, 밝은 표정으로 한다.

그리고 인사한 아이의 머리를 쓰다듬거나 포근히 안아주면 그만이다.

어릴 적부터 인사하는 법을 배운 아이는 어떻게 될까? 건성건성 형식적인 인사가 아니라, 진심을 다해 인사하는 사람으로 자란다. 별것 아니라고 생각되는가? 대부분 어른이 되면 상대가 어떤 마음을 품고 행동하는지 알아챈다. 처음 만난 상대에게도 진심을 다하는 행동을 보이는데 내칠 사람이 어디 있을까? 인사를 잘하면 성공한다는 말은 괜히 나온 게 아니다. 아이의 진솔함에 사람들은 마음을 연다. 우아하고 노련하게 만인의 마음을 사로잡게 된다.

상처를 줄 수 있는 사람은
아무도 없다

✦

여러분을 더욱 높이 올려줄 사람만을 가까이 하세요.

- 오프라 윈프리Oprah Gail Winfrey

초록은 동색

우리 집은 아이 친구들을 불러 종종 파자마 파티를 한다. 친한 친구들을 초대해서 맛있는 저녁을 먹고 놀다 함께 잠드는 일상의 이벤트다. 저녁이 되어 신나게 뛰어놀던 아이들이 들어오면 집 안 전체에 활기가 넘친다. 집에 오는 손님이 있어야 복도 함께 굴러온다는 말이 진짜란 생각이 들었다. 그런데 저녁 식사와 간식을 챙기다 보니 자연스레 아이들의 대화가 들렸다. 대화의 분위기는 부드러웠고 친한 사이인 만큼 티키타카가 딱딱 맞아 보였다. 그런데 친구 A가 친구 B에게 지난 일을 지적했다.

> 친구 A : "네가 저번에 그 게임 했다고 했잖아. 왜 거짓말 해?"
> 친구 B : "내가 그랬냐? 잠시 헷갈렸나 봐."
> 친구 A : "아하! 그럼 내가 미안."

어린아이들이지만 참 센스가 있었다. 서로에게 상처 주지 않으며 대화할 줄 안다. 성냥불을 붙이자마자 재빨리 후우 하고 불어 끄는 격이다.

미국의 유명한 작가이자 연설가인 짐 론Jim Rohn은 "당신은 당신이 가장 많은 시간을 함께 보내는 다섯 사람의 평균이다"라고 말했다. 그의 말처럼 우리 아이를 포함한 친구들은 순한 기질이 참 비슷했다. 우리나라에도 사람을 파악하기 위해서는 그 사람의 친구를 먼저 보라는 말이 있다. '초록은 동색'이라는 말처럼 비슷한 사람들끼리는 서로 자석처럼 끌리기 마련이다.

좋은 친구의 기준

《논어》에서는 공자가 제나라의 유능한 재상 '안영'을 칭찬하는 내용이 나온다. 공자가 유독 그를 칭찬한 이유는 무엇일까? 사람을 오래 사귀었는데도 존경하는 태도를 잃지 않았기 때문이었다. 친구와 친해지면 편안하다는 이유로 함부로 대하는 잘못을 저지르곤 한다. 우리도 가까운 친구에게 말실수를 하거나 배려 받지 못한 상처가 하나쯤은 있지 않던가.

부모는 아이가 좋은 친구를 얻길 바란다. 그러나 먼저 좋은 친구의 태도를 지녀야 참된 친구들이 따라오는 법이다. 좋은 친구가 되기 위해선 해야 하는 일보다 하지 말아야 할 일부터 제대로 지켜야 한다. 그렇다면 '아이가 친구에게 절대 하지 말아야 하는 말'에는 어떤 것이 있을까?

1. 친구의 험담

부모는 주변인에 대한 나쁜 감정을 아이 앞에서 절대 말하지 않아야 한다. 부모의 험담을 들은 아이는 그 일을 대수롭지 않게 여기고, 남을 헐뜯는 사람으로 자란다. 한번 시작된 험담은 관성이 생겨 계속하게 된다. 뒤에서 다른 친구를 험담하는 아이의 모습은 친구들의 불신을 낳는다. 공자는 자신이 당하고 싶지 않은 일을 주위 사람에게 하지 말라고 말했다. 인간관계에서 한번 생긴 불신은 끊어진 다리와 같다. 자유롭게 오가던 다리가 끊어진다면 건너가지 못하는 이는 답답하고 괴로울 수밖에 없다.

2. 주변에 대한 불평

부정적인 감정은 조용히 악취를 풍긴다. 아무리 멋지고 예쁜 친구라도 매번 불평만 해대면 매력이 사라진다. 불평의 냄새는 멀리하고 싶게 만든다. 반면 긍정적이고 활기찬 분위기를 가진 친구는 인기가 많다. 긍정의 기운에 친구들이 다가온다. '학교가 재미없다' '급식이 맛없다'라는 평범한 탈을 썼지만, 사실 부정적인 말은 들을수록 점점 불편해진다. 아이가 친구들과 멀어지고 싶다면 불평하게 하라.

3. 자신에 대한 홍보

아이 자신에 대해 알리는 것을 조심해야 한다. 개인적인 가정사나 가지고 있는 강점과 약점을 굳이 이야기하지 않

는다. 친한 사이라는 이유로 모든 것을 다 알려주게 하지
말자. 개인사를 공유하는 일을 가벼이 생각하면 반드시 후
회한다.

공자는 "남이 나를 알아주지 않음을 걱정하지 말고, 내
가 남을 알지 못함을 걱정하라"고 말했다. 칭찬이나 동정
을 받으려는 얕은 마음으로 섣불리 말하면 안 된다. 직접
적인 자랑을 하거나 속마음을 보이지 말고 친구에게 '진실
한 관심'부터 가지는 것이 우선임을 알려주어야 한다.

언어가 곧 인격이다

요즘 욕설을 하는 아이들이 부쩍 많아졌다. 최근 여성가
족부에서 발표한 청소년 언어사용 실태 조사에 따르면 청
소년의 73.4%가 매일 욕설을 한다고 한다. 가만히 듣고 있
으면 요즘 말로 귀에서 피가 나올 것 같다. 초등 고학년이
될수록 욕의 빈도는 늘어간다. 주거니 받거니, 욕설이 아
이들의 일상 언어가 되었다. 욕을 사용하지 않으면 서로
친밀하게 느껴지지 않는다고도 말한다.

욕을 하면 할수록 지능이 낮아진다는 연구 결과도 있다. 자기의 감정을 적절한 언어로 표현하지 못하고 단순한 욕설로 대체하기 때문에 뇌 발달을 막는다는 것이다. 카이스트의 정범석 교수는 또래에게 거친 말을 많이 하거나 들은 아이일수록 해마의 평균 크기가 작다는 사실을 밝혀냈다. 친구가 욕을 하면 언어폭력의 피해자와 가해자가 되고, 결국 모두의 뇌 발달을 늦추게 된다.

아이가 밖에서 쉽게 내뱉는 욕설들을 가정에서는 어떻게 절제하는지 의문이 든다. 혹시 가정에서 욕설을 일상용어처럼 묵인해 주고 있지는 않은가? 가정에서부터 아이의 평소 언어습관을 엄격히 관리하고 교육해야 함을 절실히 느낀다. 가정에서는 아이에게 욕의 진짜 의미와 그것이 자신과 타인에게 어떤 영향을 미칠 수 있는지 구체적으로 이야기해 주어야 한다.

학창 시절 선생님이 모든 욕을 칠판에 빼곡히 적은 후, 하나하나 뜻을 알려준 적이 있다. 욕의 뜻을 제대로 알게 된 후, 해당 욕을 들으면 그 뜻이 머릿속에서 빙빙 맴돌았다. 선생님의 욕 공부 덕분에 그해 우리 반 아이들이 욕을 쓰는 횟수는 확연히 줄어들었다.

평소 우리 집에서는 "욕을 쓰면 촌스러운 사람이다"라는 말을 자주 한다. 진짜 내 생각이 그랬다. 아무리 아름답고 매력적인 외모를 지닌 사람이라도 욕을 쓰기 시작하면 가치가 푹 꺼지는 느낌을 받았다. 그렇게 한번 촌스러워진 매력은 복구 불가였다. 어느 날, 학교에서 돌아온 아이가 가방을 내려놓으며 아무렇지 않게 말했다.

"엄마, 오는 길에 어떤 아저씨가 촌스럽게 욕을 하고 있더라?"

누군가 사람의 말투를 보면 그 사람의 인생까지 짐작할 수 있다고 말했다. 이해가 간다. 유독 심한 욕설을 하던 아이와 그 친구들의 인생이 그리 밝으리라 기대되진 않았으니 말이다. 무심코 던진 한마디가 품격의 증거를 남긴다.

함부로 상처 주던 아이의 미래

112신고가 들어와 현장을 나가 보면 폭행이나 상해 사건은 단순한 시비에서 시작된 경우가 많았다. 상대를 하찮게 보고 함부로 말하다 큰 소란으로 이어지는 식이다. 폭행 사건으로 입건된 경우를 보면 이미 전력이 있는 사람이 많았다. 그들은 상대를 말로 자극해서 큰 싸움을 만든다. 싸움을 거는 쪽은 낯선 이에게 폄하하는 말을 쉽게 하고, 욕설도 스스럼없이 한다. 평소 거친 어법들은 이미 습관이 되어 여과 없이 쏟아진다. 영문 모를 험한 말을 들은 상대방은 참지 못하고 주먹이 나가게 된다. 자신의 말실수로 싸움이 시작됐음에도 같이 주먹을 휘두르다 결국 우리, 경찰을 만나게 된다.

누군가에게 상처 줄 수 있는 사람은 아무도 없다. 찍은 도끼는 잊어도, 찍힌 나무는 평생 잊지 못한다고 하지 않던가. 부모는 도끼가 되지 않는 아이로 키워야 한다.

5장

금수저 대신
인성수저를 물려준다면

인기 넘치는
옆집 아이의 비밀

✦

의리 없는 친구는 피하고, 어리석은 이와는 사귀지 말라.
현명한 벗을 사귀고, 나보다 훌륭한 이를 따르라.
- 《법구경》

친구를 끌어당기는 행동

새 아파트로 이사를 간 후 아이와 등교하려고 나선 길,
엘리베이터 앞에서 처음 옆집 아이와 마주쳤다. 아이는 표
정 변화가 별로 없고 부끄러움을 타는 듯했다. 그 뒤 여러
번 만났지만 옆집 아이의 첫인상은 크게 달라지지 않았다.
어느 날 놀이터에 앉아 아이들 노는 것을 지켜보던 중, 유
독 한 이름이 자주 들렸다.

"건호 어디 있어?" "건호야, 같이 놀자!" "나 건호랑 할래."

여러 아이들의 반응을 보니 꽤나 인기 있는 아이 같았다. '도대체 어떤 아이기에 이렇게 인기가 많지?' 잠시 뒤 건호라는 아이가 드디어 내 근처에 나타났다. 놀랍게도 건호는 옆집 아이였다.

인기 있는 아이라 하면 보통 활발하고 재미있는 아이라고 생각했다. 그런데 분명 내가 본 건호는 표정이 잘 드러나지 않았던 조용한 아이였다. 나는 벤치에 앉아 건호와 친구들이 노는 것을 지켜봤다. 놀이 속 건호는 선량했다. 으스대거나 거들먹거리지 않고, 가식도 없었다. 친구들이 뭔가를 제안할 때 함부로 거절하지 않았다. 이유를 대고 양해를 구할 줄 알았다. 잠시 본 모습만으로도 건호가 왜 인기가 많은 아이인지 알 수 있었다.

초등학교 저학년 때 인기 있는 아이는 단연코 재미있는 아이다. 유머 있고 우스꽝스러운 표정이나 행동을 해서 눈에 띄는 아이 말이다. 그러나 차츰 고학년이 되어가면서 인기 있는 아이의 기준이 바뀐다. 재미있진 못해도 배려하고 믿음을 주는 아이, 의리 있는 아이가 인기 있다. 사회에서 선호하는 기준과 같아진다. 아이들 또한 타인의 입장에서 생각하고 배려하는 친구를 가장 좋아한다.

관우에게 배워야 할 것들

《삼국지》에는 주인공인 유비, 관우, 장비가 있다. 그리고 조조와 제갈량도 있다. 나는 이들 중 관우를 가장 좋아한다. 관우는 목숨보다 '의리'와 '신뢰'를 중시한 인물이다.

심리학자 천위안이 쓴《심리학이 관우에게 말하다》에서는 조조가 관우를 하비성에서 항복시켜 데려온 후의 일화를 들려준다. 관우를 데려온 조조는 거의 매일 연회를 열고 보물을 하사하며 관우의 마음을 얻고자 노력했다. 그러나 관우는 조조가 선물한 옷 위에 유비가 선물한 옷을 입었고, 떠날 때는 조조가 내어준 재물을 모두 남겨놓고 돌아왔다. 관우의 의리가 참으로 대단하다는 걸 알 수 있다.

많은 이들이 제갈량의 능력을 높이 산다. 제갈량은 유능한 전략가였다. 희대의 천재였으며, 상대의 심리 파악도 뛰어났다. 그러나 목적 앞에서 수단과 방법을 가리지 않고 행하는 인물이기도 했다.

이에 반해, 관우는 책사가 아니라 무사다. 유비와 함께 도원결의한 형제이자 충직한 신하였다. 실수로 매사 일을 그르치게 만드는 또 한 명의 형제, 장비를 쉽게 나무라지도 않았다. 관우는 기품이 있으며 상대의 마음을 헤아릴 줄 아는 사람이었다. 사실 관우 같은 사람을 처음 대하면 호감이 생기기 어렵다. 자기 주관이 너무 강하기 때문에 타인의 반감을 사기 쉽다. 그러나 나태주 시인의 "오래 보아야 예쁘다"라는 말처럼, 오래 곁에 둘수록 진국인 사람이 바로 관우였다. 인기 있는 아이의 기준은 다양할지도 모른다. 그러나 관우가 지닌 '의리'와 '신뢰' 이 2가지를 가진 아이를 마다할 친구는 없지 않을까?

《삼국지》속 '관우'의 모습처럼, 아이가 '의리와 신뢰를 쌓는 방법' 3가지를 제안하고자 한다.

1. 잘 듣고 끄덕이기

정신과 의사나 심리상담가는 상담 시간 내내 정신적 치료만 수행할까? 그들이 하는 업무의 80%는 놀랍게도 그저 들어주는 일이라고 한다. 동네에 유독 성업 중인 미용실, 피부관리실, 헬스장 등을 살펴보면 분명 주인이 말을 걸어 물꼬를 트고, 손님이 하는 말을 들어주는 가게일 것이다. 손님의 근황을 먼저 궁금해하고, 손님이 하는 말에 동조해 준다. 기쁜 일에는 같이 박수를 치며 좋아하고, 화나는 일에는 대신 욕해준다.

지금은 인공지능이 등장하고, 우주로 관광을 떠나는 시대다. 그럼에도 불구하고 유명한 점집은 예약이 필수다. 예약을 해도 몇 달 후에나 점을 볼 수 있다. 한번은 꾸준히 점을 보는 지인에게 비싼 점집에 가는 이유를 물어보았다. 지인은 사실 미래를 잘 맞혀서 가는 것만은 아니라고 했다. 개인적인 사건, 오랜 마음의 상처 등 남에게 하지 못할 이야기를 들어주는 유일한 창구라는 것이다. 그래서 심리치료를 받는다는 생각으로 복비를 낸다고 했다. 이처럼 사람은 돈을 주어서라도 자신의 말을 들어주길 바란다.

눈을 맞춘 채 내 말에만 집중해 주는 친구, "참 좋았겠다." "힘들지 않았어?" "네 마음이 어떤지 알 것 같아." 등 흔히 말이 잘 통한다고 느끼는 친구를 살펴보면 모두 '프로 공감러'였다. 그들은 달변가가 아니었으며, 구체적인 해결책도 제시하지 않았다. 단지 깊고, 진실한 공감을 해줬다. 그러자 모두가 그들을 좋아했다. 앞다투어 가까이 두고 친구가 되길 바랐다.

2. 약속은 신중히, 정했다면 반드시 지키기

"요번 주말에 친구들과 보드게임 카페에 가도 돼?"

아이가 반 친구들과 만난다기에 허락해 주었다. 얼마 뒤 주말 아침, 약속 시간이 다 되어가도 아이가 외출 준비를 하지 않아 물어보았다. "왜 나갈 준비를 안 하고 있니?"

그러자 아이가 말했다. "좀 전에 일어나서 약속 취소했어. 막상 나가려니까 귀찮고 피곤해서 집에서 쉬고 싶어."

만약 자주 약속을 취소하는 친구가 있다면, 다른 친구들은 그 사정을 그대로 믿어주지 않을 것이다. 빈도가 잦아질수록 약속을 깨기 위한 핑계로 오해하게 된다. 아이는 이런 사실을 알고 있을까?

먼저 약속 취소에 대한 경각심을 일깨워 주었다.

"특별한 이유 없이 약속을 취소하는 일은 신뢰를 깨트리는 행동이야."

그다음, 약속을 정할 때는 신중하도록 알려줬다.

"처음 약속을 정할 때부터 지킬 수 있는 약속인지 충분히 검토한 후 응해야 해."

만약 약속을 취소한다면 상대방의 마음을 먼저 배려하게 했다.

"피치 못할 사정으로 약속을 취소하려면 최대한 빨리 연락해야 해."

약속 당일 갑자기 취소당한 경험은 다들 한 번쯤 있을 것이다. 그때 기분이 어땠는가? 대부분 당황스러웠을 것이다. 기분이 상하거나 화가 났을지도 모른다. 진심 어린 사과, 솔직한 사유를 알려 상대에게 양해를 구해야 한다. 약속의 중요성을 모르는 사람은 신뢰받지 못한다. 부모는 아이가 친구와 '약속의 기준'을 잘 지키고 있는지 점검하자. 《원 해빗》을 쓴 한상만 인재개발 전문가는 습관은 정신적인 에너지 소비가 거의 일어나지 않는 행동이라고 말한다. '하던 대로 하려는 것'이 관성이다. 약속을 지키지 않는 습관도 관성이 생긴다. 알지 못해 한 행동이지만, 아무런 제지가 없다면 잘못된 습관은 영원히 지속된다.

3. 진실한 모습으로 대하기

영국의 유명 소설가 버지니아 울프Virginia Woolf는 이렇게 말했다.

"당신 자신에 대한 진실을 말하지 않으면, 다른 사람에 대한 진실도 말할 수 없다."

신뢰를 쌓는 가장 좋은 방법은, 상대방을 진실한 마음으로 대하는 것이다. 진정성 있는 사람은 가짜와 친하지 않다. 위선적이지 않고, 솔직하게 표현하려고 노력한다. 가족을 대하는 것처럼 진실하게 친구를 대해야 한다. 그래야 친구도 아이의 진실한 마음을 느끼게 된다. '마음이 전해진다'라는 말은 그냥 나온 게 아니다. 말보다 실천을 보이는 태도에서 마음이 전해진다.

오늘 한 번 만난 사람을 바로 신뢰한다면, 당신은 상대방의 사기에 속았을 확률이 아주 높다. 온갖 감언이설로 설득 당했다는 뜻이다. 분명 어떠한 목적을 두고 의도적으로 접근한 것이 분명하다. 사기를 당해 고소하는 사람들 대부분은 상대방을 맹목적으로 믿었다. 피해자 진술 시 "어떤 이유로 그렇게 빨리 믿게 되었나요?"라고 물으면 다들 묵묵부답이다. 딱히 떠오를 만한 특별한 이유가 없었기 때문이다. 신뢰는 '만든다'라는 말 대신 '쌓는다'라는 표현을 쓴다. 왜 그럴까? 신뢰는 단번에 만들어지는 완성작이 아니기 때문이다. 시간을 두고 차근차근 진실함을 보여주면 어느 순간 신뢰 가는 사람이 되어 있을 것이다.

비워야
채울 수 있다

✦

믿음을 가진 한 사람의 힘은
흥미만 있는 99명의 힘과 맞먹는다.

- 존 스튜어트 밀John Stuart Mill

믿어야 아이가 산다

10살 무렵에 글을 읽고, 20살이 되어서야 한 편의 글을 쓸 수 있을 정도로 늦은 아이가 있었다. 이 아이는 밤새 공부를 해도 다음 날 책의 내용을 기억조차 못 하는 둔재였다. 아이가 소리 내어 외우던 책을 바깥에서 일하던 머슴이 듣고 먼저 외울 정도였다. 그래도 아이는 손에서 책을 놓지 않았다. 이 아이가 바로 조선을 대표하는 유명한 학자이자 1,500편이 넘는 시를 남긴 시인 김득신이다.

김득신의 아버지 김치는 느린 아들을 질책하기보다 격려했다. "학문의 성취가 늦다고 성공하지 말란 법이 없다. 그저 읽고 또 읽으면 반드시 대문장가가 될 것이다."

남들이 바보라 놀리고, 어리석다며 양자를 들이기를 권해도 김득신의 아버지는 흔들리지 않았다. 아버지 김치는 아들을 늘 믿고 칭찬하며 이끌었다. 눈앞에 보이는 한계보다, 보이지 않는 아이만의 잠재력에 주목했던 것이다.

자기 자식은 못 가르친다는 말이 있다. 치과 원장인 지인은 아들의 초등학교 4학년 수학을 가르치다 손을 들었다. 유명한 영어 일타강사도 자기 아이는 영어 학원에 보낸다고 한다. 누구보다 뛰어난 실력을 지녔음에도 남의 손에 아이를 맡기는 이유는 무엇일까? 남의 아이와 내 아이는 분명한 차이가 있다. 바로 성과를 보길 바라는 욕심이다.

중국 송나라의 어리석은 농부 이야기를 들어보자. 어느 날, 지친 농부가 집에 돌아와서 말했다.

"오늘은 벼가 빨리 자라게 도와줬더니 참 피곤하구나."

이상하게 여긴 가족이 논으로 달려가 보니, 놀랍게도 벼가 모두 말라 죽어 있었다. 농부가 벼를 빨리 자라게 도와준 방법은 도대체 무엇이었을까? 벼가 너무 느리게 자라는 것이 답답했던 농부는 하루 종일 한 포기, 한 포기 정성을 다해 모를 조금씩 뽑아 올렸던 것이다.

기대만큼 따라오지 않는 아이를 보면 부모는 이해하지 못한다. 답답함에 화부터 치밀어 오른다. 평소 아무리 이성적이라 자부해도 자식 문제에서만큼은 감정이 지배한다. 지금 아이가 빨리 배우고 결과를 내보이는 것이 아이 삶을 결정한다고 단정해서는 안 된다.

초등학교 6년 내내 힘을 모조리 빼놔서 중학교 1~2학년 때 벌써 공부를 포기하는 아이들이 속출한다는 말을 들었다. 오래달리기를 했을 때 먼저 전력 질주를 하며 앞서가던 사람들은 중도에 멈춰 서서 헉헉대기 바쁘다. 최고가된 마라토너의 성공 비결은 페이스 조절이다. 처음부터 힘을 빼면 아무리 훌륭한 마라토너라도 쓸 힘이 없어지고 낙오자가 된다.

레벨테스트에서 원하는 반에 들어가지 못하고, 시험 점수가 낮다고 해서 평생 공부를 못하는 것은 아니다. 뒤늦게 공부머리가 트였다는 학생의 사례는 수도 없이 많다. 무한히 달라지는 아이의 미래를 먼저 점치는 엉터리 점쟁이가 되지 말자. 무작정 빨리 가려고 하면 오히려 결과적으론 늦기 마련이다.

예방주사를 놓듯 아이의 일거수일투족을 모조리 챙겼다 자부해도 헛일이다. 분명 또 변수가 생기기 때문이다. 예방보다 해방이 먼저다. 사실 마음을 다 비운다는 것은, 아이가 100% 채울 수 있다는 말과 같다. 국립중앙박물관의 달항아리를 본 적이 있는가? 달항아리는 아무 무늬 없이 그저 둥그렇고 약간은 찌그러진 백자 항아리다. 그러나 그 자체만으로 완벽히 충만하다. 관람객들은 달항아리의 아름다움에 현혹되어 걸음을 멈출 수밖에 없다. 욕심을 완벽히 비우면, 그 자리에 아이가 채워갈 가능성이 열린다. 비움의 자유 안에서 아이가 산다. 그 속에서 아이는 꽉 찬 사람이 된다.

비교 지옥에 가지 않을 권리

영화 〈박물관이 살아있다〉에서 시어도어 루스벨트 대통령의 밀랍인형으로 등장하는 테디 루스벨트는 이렇게 말했다. "비교는 기쁨을 훔쳐 가는 도둑이다."

우리는 비교에 노출되어 살고 있다. 어쩌면 우리나라 사람 대부분은 비교 지옥에 떨어져 있는지도 모른다. 사사건건 비교를 당하는 동시에, 스스로 비교를 하며 산다. 심지어 본인이 먼저 "이게 제일 인기 있는 건가요?"라며 남들의 생각을 묻고 비교하는 사람이 적지 않다. 우리는 가정에서 싸움을 할 때 "동네 사람들 부끄럽게…"라는 말을 한다. 외국에서는 생각도 못 할 말들이다. 우리 삶에는 이타주의와는 다른 타인 중심적인 사고가 깔려 있다. 이러한 분위기 속에서 자란 아이들은 역시나 부작용이 나타난다.

경찰 업무를 하며 만났던 불행한 부모와 아이 대부분은 어릴 적 다른 사람과 비교 받은 경험이 잦았다. 부모가 무심코 내뱉은 비교의 문장을 들은 아이는 불행한 어른으로 자란다. 나는 현장에서 불행한 어른들을 많이 보았다. 그들의 울부짖음을 멎게 할 약은 세상 어디에도 없었다. 어쩌다 술김에 한번 소리를 꽥 지르거나 엉엉 울며 그렇게 가슴속에 아픔을 안고 살아갈 뿐이었다.

아이를 잘 키워낸 후, 한 명을 더 입양한 부부가 있었다. 부부는 원래 하던 그대로 입양아도 키우면 된다고 생각했다. 그러나 입양한 아이는 달랐다. 첫째에게는 적절한 양육법이 둘째 입양아에게는 퉁겨져 나왔다. 부모의 가르침으로 바뀌는 부분에도 제약이 있는 것이다. 숱한 노력이 있다 해도, 환경이 타고난 특성까지 바꾸진 못한다. 아이가 초등 저학년일 때까지 부모는 이 사실을 모른다. 열심히 키우면 똑똑하고 잘난 아이가 되리라는 희망에 가득 차 있을 뿐이다. 그러나 열심히 키운다는 게 지나쳐 비교 지옥으로 떨어트리고 채찍질까지 하곤 한다. 아이가 채찍에 맞으면 변할까? 준비도 안 된 사람을 갑자기 떠밀면 기어오르지 못하고 그대로 절벽 아래로 떨어진다.

입장을 바꾸어 생각해 보면 어떨까? 현재 부모가 회사에서 과장이라고 치자. 그런데 부장이 틈만 나면 같은 부서모 대리를 치켜세우며 둘을 함께 비교한다. 처음에 과장은 열심히 노력할지 모른다. 그러나 시간이 지날수록 잘해야 한다는 강박이 생기고, 과장에게 부장은 그저 끔찍한 존재로 남게 된다.

아이가 초등학교 5학년, 늦으면 중학교 1학년 즈음이면 그제야 부모는 현실을 깨닫는다. 바꿀 수 없는 절대적인 것이 존재한다는 사실을. 한 입 먹어보기 전까지는 빛 좋은 개살구가 얼마나 떫은지 알 수 없다. 그간 비교 지옥에 노출되어 살았던 아이는 이제 부모를 끔찍해할 뿐이다.

불행은 더 큰 불행을 쉬지 않고 부른다. 아이는 불행이 익숙한 삶을 살며 괴로워한다. 그렇다면 소중한 아이를 비교할 수 있는 사람은 누구일까? 단 한 명, 바로 아이 자신뿐이다. 누구와도 비교당하지 않을 권리는 아이에게 있음을 명심하자.

아이의 타고난 기질과 성향을 있는 그대로 받아들이고 존중하는 것은 중요한 의미를 지닌다. 아이의 '존재'만으로 행복을 느낀 적은 언제였을까? 갓난아기가 아장아장 걷기 시작하고, 웃어주는 것만으로 좋았던 때가 있었다. 만약 인생의 리모컨이 있다면 그때를 '일시정지' 하고 싶었을지 모른다. 부모가 눈으로 보는 그 순간의 기억이 영원하길 바랐을 것이다. 이런 부모의 '초심'이 필요하다. 그때처럼 아이가 사랑받는다고 느끼면서 자라면 좋겠다. 그래서 남들 앞에서 주눅 들지 않았으면 좋겠다. 평가받는 것이 두려워 세상을 외면하는 아이가 아니었으면 좋겠다. 늦은 밤 길가에 쓰러져 혼자 흐느끼지 않았으면 좋겠다. 진심으로 비교에서 벗어나 자유롭게 자라길 바란다.

실리콘밸리에서
아이에게 절대 주지 않는 것

✦

부모의 장기적인 시야가
자녀의 꿈을 결정짓는 중요한 요소가 된다.

- 루이 파스퇴르Louis Pasteur

시간도둑과 동행 중인 아이들

"어, 내 친구다. ○○아, 안녕!"

마트에 가는 길, 아이가 집 근처에서 같은 반 친구를 보고 인사했다. 코앞에서 인사했지만 그 친구는 처다보지 않았다. 스마트폰과 혼연일체가 되어 우리를 지나쳐 갔다. 그 아이의 엄마는 전문직이라 워낙 바빴다. 평소에는 중학생 누나가 그 친구를 챙겨주고, 학원도 많이 다닌다고 했다. 나중에 다시 만난 친구는 여전히 스마트폰에 시선이

고정되어 있었다.

　스마트폰이 널리 보급되어 부작용이 점점 알려질 무렵, 한 TV 뉴스에서는 아이의 뇌가 발달하는 결정적 시기에 스마트폰을 과하게 사용하면 뇌의 크기가 '3분의 1'만큼 줄어든다는 사실을 보도했다. 이후 다양한 매체에서 경쟁하듯 아이의 과도한 스마트폰 사용은 ADHD를 발생시키고, 지능 수준이 떨어지는 등 심각한 문제로 발전할 수 있음을 경고했다. 이 뉴스를 보며 많은 부모가 겁을 먹고 아이에게 조심하리라 생각했다. 그러나 아이러니하게도 밖에서 만난 영유아를 키우는 젊은 부모의 태도는 변함이 없었다.

　"엄마도 우아하게 밥 좀 먹을게"라고 말하며 아이에게 스마트폰을 쥐어주는 모습을 보고 경악한 적이 있다. 엄마의 우아함이 나올 곳이 꼭 아이와 함께하는 식사 자리였어야만 했을까? 엄마가 우아하게 식사할 동안 아이는 뚫어지게 스마트폰만 보고 있었다. 그 엄마는 식사가 끝난 후, 말도 없이 아이의 스마트폰을 낚아챘다. 역시나 아이는 정신없이 울기 시작했다. 엄마는 뒤로 넘어갈 정도로 서럽게 우는 아이를 유모차에 태웠다. 그러고는 미리 설치한 거치대에 스마트폰을 넣고 다시 켜준 후 휙 나가버렸다.

미국 실리콘밸리의 유명한 개발자들은 자신의 아이에게 스마트폰을 주지 않는다고 한다. 스티브 잡스가 미성년의 자녀들에게 스마트폰을 주지 않는 것처럼 말이다. 심혈을 기울여 개발했는데 왜 아이들이 스마트폰을 사용하지 못하도록 할까? 아이의 상황에 맞게 취사선택을 하면 괜찮지 않을까?

무언가를 만든 사람은 장점만큼 단점을 그 누구보다 제대로 알고 있다. 어떤 내용을 접할 때 화면으로 보는지, 책으로 보는지에 따라 뇌에서 인지하는 깊이부터 다르다고 한다. 스마트폰을 사용하면 효과적인 학습이 이루어질 수 없다는 한계점을 그들은 이미 알고 있었다.

놀이미디어교육센터의 권장희 소장이 쓴 《스마트폰으로부터 아이를 구하라》에는 이런 내용이 나온다.

"유대인들은 우리나라 아이들처럼 '뽀로로', '헬로카봇'을 보지 않는다. 13살 성인식을 치르기 전까지 유대교의 경전과 기독교의 모세오경을 암기하고 입으로 말하기 바쁘다. 이렇게 어린 시절부터 자란 아이들은 시냅스 연결이 변화하게 되고 그 결과는 이미 우리가 아는 대로 놀라운 성공을 거두는 것으로 증명한다. 우리에게도 유명한 페이스북을 만든 마크 저커버그부터 세계적인 감독 스티븐 스필버그, 마이크로소프트의 창립자 빌 게이츠까지 놀랍게도 모두 유대인이다. 지구상 유대인은 0.2%에 불과하지만 각 분야에서 그들의 저력은 상당하다. 미국의 억만장자 40%가 유대인이란 통계도 있을 정도다. 그런데 유대인의 타고난 아이큐 수치는 평균 94로 생각보다 높지 않은 수준이다. 참고로 우리나라 평균 아이큐 수치는 106으로 아이큐 세계 1위 국가이기도 하다.”

2024년 현재 기준에서 우리나라의 평균 아이큐는 110으로 세계 5위라고 한다. 유대인 아이들이 토라를 암기하고 토론하기 바쁠 때, 더 높은 아이큐를 타고난 우리나라 아이들은 스마트폰 화면을 보며 지능의 발달을 뿌리치고 있다. 우리나라의 아이들은 스마트폰 속에서 시공 초월을 겪는다. 스마트폰만 있다면 서울에서 부산까지 가더라도 순식간에 시간이 흐른다. 스마트폰 화면에 고정되어 생각을 하지 않고, 주변도 보지 않기 때문이다. 자극적인 내용이 뇌에 끊임없이 들어오면, 그 외의 것들은 무료하고 심심하게 느껴진다.

이제 세상을 하나둘 알아가는 아이는 스마트폰 속이 아니라 세상을 둘러봐야 한다. 애니메이션 속 나비 대신 현실 세상의 노랑나비, 흰나비를 직접 봐야 한다. 날개를 움직이는 속도와 날아가는 방향, 꽃에 앉아 있을 때 하는 행동 등을 관찰하며 스스로 생각하고 깨닫게 해야 한다.

"나비가 팔랑팔랑 날아가!" "나비가 꽃이랑 이야기해." "나비가 집에 가나 봐."

아이는 나비를 눈으로 직접 보며 쉼 없이 중얼거릴 것이다. 자연 속 현상을 바라보고 다양한 정보를 받아들인다. 순간의 느낌에 몰입하며 배우는 것이다. 반면에 아이와 외출을 나가지만, 365일 내내 스마트폰과 함께라면 어떻게 될까? 아이는 꿀을 먹는 벌을 보지 못할 것이다. 대신 꿀먹은 벙어리가 되어 입을 다문다. 아이가 아무것도 보지 못하는 가짜 산책은 제발 시키지 말자. '시간도둑'과 동행하는 아이는 시간만 빼앗길 뿐, 생각의 빈털터리가 된다.

오아시스는 처음부터 없었다

부모들에게 묻고 싶다. 자신부터 스마트폰의 유혹을 이길 수 있는지 말이다. 솔직히 말하자면, 나는 스마트폰을 이기지 못한다. 매번 스마트폰에 질질 끌려다니는 바람에 시간을 싹 다 날린다. 별거 아닌 알림음 확인을 시작으로 잠시 쉰다는 정당함을 품고 눈에 띄는 기사와 댓글을 읽어본다. 블로그에도 들어가 글들을 구경한다. 바로 끄기 아쉬운 마음에 유튜브를 열자, 흥미로운 쇼츠 영상이 눈에 들어온다. 순식간에 쇼츠 20개는 본 것 같다. 여기서 끝일까? 아니다. 인터넷마트에서 장을 보고 난 후, 요즘 입을 아이 옷 쇼핑몰로 이동한다. 득템을 꿈꾸며 신중히 검색 끝에 주문을 완료한다. 그렇게 처음에는 전혀 의도하지 않았던 것들을 사며 흐지부지 시간이 사라진다. 분명 온 정신을 집중했다. 그러나 내가 진정 원한 것은 이미 신기루처럼 사라진 시간이었다. 내 손안에는 휴식도, 득템도 없었다.

이처럼 어른도 한번 잡은 스마트폰에서 손을 떼기는 힘들다. 그러니 우리 아이들에게 스마트폰을 하지 말라는 것은 죽을 만큼 힘든 일이 될 수 있다.

혼히 아이가 학원을 가기 전과 같은 자투리 시간에 쉰다는 명목으로 스마트폰을 허락한다. 그러나 전문가들은 스마트폰을 사용하면 오히려 뇌가 쉬는 것을 방해한다고 말한다. 뇌의 편도체가 끊임없이 활성화되고, 결국 우울증과 무기력증에 시달릴 수밖에 없다는 것이다. 스마트폰을 하는 시간에는 뇌의 긴장감이 계속 지속되어 전혀 쉬지 못한다. 실제로 스마트폰을 많이 본 아이들은 어둡고 우울해 보이는 경향이 있다. 스마트폰을 잡고 있는 시간이 길어질수록, 현실은 허무하고 지루하기 짝이 없기 때문이다.

이기지 못하면 가둬라

그럼 어떻게 해야 할까? 처음부터 멀리하는 것이 최선이지만 이미 오래전 아이들은 '스마트폰'이라는 돌아올 수 없는 강을 건넜다. 스스로 떼어낼 자신이 없으면 강제로 스마트폰과 이별시켜야 한다. 앞서 말했듯 나 역시 스마트폰에서 자유롭지 못하다. 스마트폰은 잠깐 놀겠다고 나갔는데 앞집, 뒷집, 앞 동네, 뒷동네까지 미치광이처럼 정처 없이 헤매게 만드는 요물이다.

"어라! 이 집은 TV가 없네?"

우리 집을 방문한 사람들은 하나같이 놀라며 이렇게 말한다. 어릴 적 아이가 TV 브라운관을 고장 낸 것을 계기로 과감히 없애버렸다. 무료할 때는 TV를 대신할 라디오를 켜두거나 책을 읽었다. 지금도 우리 집 거실에는 책과 장난감들이 널브러져 있다. 덕분에 우리 가족은 저절로 책과 가까워졌다.

TV를 보지 않으려면 방법은 하나다. TV를 없애면 된다. 쇼핑 중독자가 신용카드를 자르고, 알코올 중독자가 스스로 병원에 입원하듯 애초에 중독될 만한 것을 가까이 두지 않아야 한다.

우리 가족도 스마트폰과 태블릿을 멀리하기 위해 고민이 많았다. 고심 끝에 다이소에서 스마트폰을 담을 만한 상자를 구입했다. 그리고 상자 이름을 짓고 크게 써 붙였다. 이름하여 '도둑상자'였다. '도둑상자'라는 단어를 보며 자연스럽게 '시간을 빼앗는 나쁜 물건＝스마트폰'이라고 아이들에게 인식시키려는 마음이었다.

"얘들아, 영상 보니까 소중한 시간이 순식간에 사라졌지? 우린 이렇게 많은 시간을 도둑맞은 거야. 도둑은 가둬두자."

처음 시도할 때는 도둑상자를 거실에 두었다. 그런데 문제가 하나 생겼다. 스마트폰 알림 소리가 나면 모두 다 달려가 확인하기 바빴다. 자연스럽게 하던 일과 공부의 흐름이 끊겼다. 문득 경찰 수험생 시절이 떠올랐다. 당시 공부를 하다 자꾸 스마트폰을 확인하는 습관 때문에 애를 먹었다. 이때마다 집중력이 상당히 흐려졌다. 고민 끝에 독서실로 들어가기 전 신발장에 스마트폰을 넣었다. 그리고 식사 시간에만 스마트폰을 꺼내 확인했다. 그래서 그때처럼 도둑상자를 신발장에 가둔 후, 중문을 닫아버렸다. 그제야 시간도둑에게 뺏긴 진정한 평화가 찾아왔다. 스마트폰 앞에 아이 스스로의 인내심을 시험하거나, 이기지 못했다고 혼내지 말자. 가둬 두고 통제할 방법을 찾는 편이 훨씬 빠른 해결책이 될 것이다.

게임과의 전쟁에서 승리하는 법칙

✦

자식을 불행하게 하는 가장 확실한 방법은
언제나 무엇이든지 손에 넣을 수 있게 해주는 일이다.

- 장 자크 루소Jean Jacques Rousseau

"게임을 모르면 따돌림당해요"

내가 사는 지역은 초등학교 한 학년당 10반이 훌쩍 넘을 정도로 아이들이 많다. 그런데 정작 놀이터에서 뛰어노는 아이들은 없다. 가끔 보이는 건 아장아장 걷는 아기들과 돌봐주는 양육자뿐이다. 그럼 그 많던 아이들은 어디에 있을까? 빌딩 구석, 놀이터 주변 벤치, 학원 계단에 가보면 그제야 한두 명씩 앉아 있는 아이들을 만날 수 있다. 그런데 가까이 가서 들여다보면 하나같이 스마트폰을 만지작

거리고 있다.

어느 날 아침, 아이와 등교하던 중 아이 친구들을 만났다. 그때 친구들 사이에서는 이런 대화가 오갔다.

"너 브롤스타즈 레벨이 얼마야?"

"걔는 아이템 현질했대."

"생일 선물로 구글플레이 기프트카드 받았다!"

게임을 잘 모르던 우리 아이는 머뭇대면서 더 이상 말을 이어나가지 못했다. 이후에도 당시 아이의 모습이 자꾸만 떠올랐다. 이제 게임은 무조건 안 된다고 말하기 힘든 세상이다. 아이들이 게임을 하는 또 다른 이유가 있다고 한다. 바로 친구들 때문이다. 친구들이 모두 게임을 할 때, 심심하지만 그래도 견딜 수는 있다. 문제는 의사소통이 안된다는 점이다. 게임 내에서 존재하는 특정 단어를 알아듣지 못해 호응할 수 없다. 어른들 모임에서 누구나 아는 인기 드라마를 안 본 사람은 할 말이 없어지는 상황과 같다.

그래서 요즘은 게임을 모르는 아이가 다른 친구들에게 '보이지 않는 따돌림'을 받는 경우가 많다고 한다. 놀이 공간이 사이버로 이동한 세상이다. 무조건 우리 아이는 절대 안 된다고 외칠 수는 없다. 아이들은 게임 내에서 팀워크를 발휘하여 적을 물리치고 서로 소통한다. 운동장이나 놀이터 대신 사이버상에서 친구 간에 유대감과 신뢰감을 쌓는다. 그 속에 끼지 못한 아이는 소외감이 생기고, 상처를 받기도 하며, 크게는 학교생활에 지장을 주게 된다.

이러한 현실을 외면할 수 없다고 판단한 나는 평소 자주 가는 자녀교육 인터넷 카페를 샅샅이 뒤졌다. 먼저 훌륭하게 아이를 키워낸 대선배들에게 우문현답을 얻던 곳이었다. 분명 그 카페라면 원하던 답이 있으리라 확신했다. 역시나 카페 글에는 다양한 실제 사례와 시행착오 및 결과가 있었다. 게임과의 전쟁에서 승리한 수십 개의 답변을 종합해 보면 아래와 같다.

1. 게임을 무작정 막으면 뒤늦게 터져 중·고등학교 때 더 힘들어진다.
2. 게임 시간을 정하되, 찔끔찔끔하면 더 하고 싶어 한다. 한 번에 3~4시간은 보장해 준다.
3. 평일은 흐름이 끊길 수 있으니 금하고, 주말에 정해진 시간만 허락한다.

그때까지 게임을 시키지 않았던 나는 실제로 4학년 때부터 게임을 허락하고, 위 3가지 규칙을 적용해 보았다. 정말 아이는 게임에 중독되지 않았다. 게임을 적게 한다고 스트레스를 받거나 아쉬워하지 않았다. 오히려 "나는 게임을 한 번에 3시간이나 해"라고 친구들에게 자랑했다. 재미있는 점은 주말마다 가족여행이나 나들이를 가다 보니 아이가 깜빡하고 게임하겠다는 소리를 안 한다는 것이다.

여자아이는 '카톡중독', 남자아이는 '게임중독'

본능적으로 여자는 소통을, 남자는 승패를 중시한다. 이러한 특성상 여자아이들은 카카오톡에서 친구들과 소통하는 것을 매우 재미있어 한다. 반면 남자아이는 게임 속 순위와 더 높은 레벨에 쾌감을 느낀다. 문제는 카톡이 오지 않아도 자주 스마트폰을 확인하거나, 몰래 게임을 하고 싶어 안달이 나 있는 아이들이다.

"경찰관님, 우리 아이가 중학교 2학년쯤부터 변했어요. 도와주세요."

답답한 마음에 경찰서로 직접 찾아온 여성이 있었다. 여성은 이혼 후 자녀 H와 단둘이 살았다. 여성 혼자 생계를 이어나가다 보니, 어쩔 수 없이 어릴 적부터 H에게 스마트폰을 쥐여주곤 했다. 제어 없는 장시간 스마트폰 노출의 결과는 어땠을까? 안타깝게도 게임중독 증상을 보이기 시작했다. 아이는 밤마다 게임을 하다 새벽에 잠들기 일쑤였다. 학교에선 엎드려 잠만 했다. 지각을 하고 학교 성적이 우수수 떨어지자, 보다 못한 여성은 H를 나무랐다. 그러나 이미 훌쩍 자란 H에게 엄마의 훈계는 아무 소용이 없었다. 엄마가 게임을 막을수록 H는 점점 폭력적으로 변해갈 뿐이었다. 급기야 엄마에게 욕설을 하며 폭력을 휘두르기까지 했다.

여성은 제어할 아빠가 없어 게임중독이 된 것이라고 하소연했다. 그러나 남자아이의 게임중독을 호소하는 가정들을 보면, 양쪽 부모가 있든 없든 상황은 별반 다르지 않았다. 오히려 아빠가 강압적일수록 더 큰 폭력과 갈등이 생겨 위험한 상황으로 번지기도 했다. 우리는 H를 끈질긴 설득 끝에 무료로 운영하는 청소년 상담센터로 안내했다. 지속적인 상담을 통해 늦었지만 스마트폰 사용을 줄이도록 유도하는 것만이 아이가 정상적인 생활을 할 수 있는 방법이었다.

그렇다면 이미 오랜 시간 스마트폰에 중독된 아이를 가정에서는 어떻게 되돌릴 수 있을까?

기다려줘야 돌아온다

《몰입》의 저자 황농문 교수는 '중독'이 되는 과정을 이해하기 쉽게 설명한다. 게임이나 유튜브 쇼츠를 보면 행복물질인 도파민이 과도하게 분비된다고 한다. 그러나 우리 몸은 항상성을 유지해야 하므로 뇌는 도파민을 줄이게 되고, 게임을 안 하게 되면 더 우울해진다. 그래서 다시 게임을 하고, 이러한 과정이 반복된다. 게임을 많이 할수록 우울한 상태가 커질 수밖에 없는 것이다. 그렇기 때문에 황농문 교수는 항상성을 회복하려면 한 달 정도 게임을 과감히 끊어야 한다고 주장한다.

가정에서는 스마트폰 중독으로 이미 갈등이 깊어졌다면 맞서 싸우기보다 아기처럼 받아줄 마음을 먹어야 한다. 이

270

미 항상성 때문에 뇌에서 제어가 안 되어 갈등만 심해지기 때문이다.

"스마트폰 당장 꺼! 카톡, 게임 그만하랬지!"

이런 말은 이미 중독에 빠진 아이의 입장에선 좋아하는 것을 못 하게 막는 짜증나는 행동으로밖에 보이지 않는다. 부모에 대한 적대심만 생긴다. 부모가 억지로 스마트폰을 뺏었다는 이유로 집을 나간 아이를 찾는 112신고를 무수히 접했다. 아이는 단순하다. 친구들과 연락해야 하는데 끊기니, 아예 뛰쳐나가는 쪽을 선택한 것이다.

아이 방문을 열고, 스마트폰만 들여다보는 아이에게 말을 걸어보자. 아이는 분명 불편해할 것이다. 옆에서 지켜보다가 슬쩍 게임 내용도 물어보자. 당연히 대답을 거부할 것이다. 그래도 굴하지 말자. 다정하고 따뜻하게 관심을 가지고 말을 거는 용기를 잃지 말자. 스마트폰을 보는 아이에게 맛있는 것도 내밀자.

"재미있게 놀고 하던 거 끝나면 봐."

이렇게 세상에서 가장 쿨한 척 기다려주는 것이다.

나는 아침마다 집을 나서는 아이들에게 "사랑해, 잘 다녀와"라고 인사한다. 사랑한다고 답해주는 둘째 아이와 달리, 첫째는 늘 "네"라고만 대답했다. 원래 표현을 잘하는 성격이 아니라 그러려니 했다. 그 후에도 나의 외사랑 인사는 계속되었다. 그런데 어느 날 아침이었다. 현관문을 열며 첫째가 대답했다.

"나도 사랑해."

모든 아이는 기다려줘야 한다. 생각해 보면 어릴 적부터 모든 것이 그랬다. 조급해하지 않고 기다리다 보면 아이가 스스로 해냈던 기억이 다들 있지 않은가? 집에서 소, 닭 보듯 하거나 윽박지르던 부모가 갑자기 말을 걸면 아이는 당황스럽고 불편하기 그지없을 것이다. "어색하니까 제발 이러지 좀 마세요"라고 사정하고 싶을지도 모른다. 그렇지만 아이는 분명 시간을 두고 기다려주는 동안 서서히 변화한다.

부모와 어색함이 사라지면 그때부터 작전을 시작한다. 전쟁 포로로 잡힌 아이를 '스마트폰' 적군 내에서 구출해야 한다. 아이에게 용기 내어 요청하자. 최소 3주에서 한 달 동안 게임을 끊자고 제안해 보자. 아이가 동의한다면 주의할 점이 하나 있다. 아이의 마음속 공허함을 그냥 내버려두면 안 된다는 사실이다. 어른도 금연 중 '담배 딱 한 대만!' 하는 생각을 없애고자 달달한 사탕을 잔뜩 준비하지 않던가? 아이에게도 대체할 만한 것들이 있어야 한다.

이때는 신체적 활동을 추천한다. 함께 산책을 하고, 자주 친구를 만나게 한다. 농구나 배드민턴, 요가 등 체육 학원을 등록하는 것도 좋다. 신체를 움직이는 것만으로도 스트레스 호르몬이 급격히 감소한다고 한다. 신체활동을 통해 원래의 자리를 찾아가는 시간을 부여해야 한다. 그러면 조금씩, 그러나 확실히 변하는 아이를 만나볼 수 있을 것이다. 애니메이션 영화 〈늑대아이〉에서 이웃 할아버지가 말한 대사가 생각난다. "오늘 심고 내일 자라기를 바라지 마라."

변화는
감사에서 시작된다

✦

나는 어떤 상황에서도 나의 삶에 감사하겠다.

- 안네 프랑크Annelies Marie "Anne" Frank

"저는 1억 8,000만 원짜리 차를 타고 다닙니다."

인터넷 서핑 중 발견한 제목이다. 느낌상 자랑하려고 쓴 글은 아닌 것 같았다. 역시나 본문은 이렇게 적혀 있었다. "제 차는 현대 슈퍼에어로시티입니다. 초대형이고 최첨단입니다. 기사까지 고용해서 편하게 갑니다. 가끔 같은 방향으로 가는 사람들을 태워주기도 합니다."

재미있으면서도, 관점의 차이가 느껴지는 글이었다. 생각해 보면 조선시대 왕조차 꿈도 꾸지 못했던 대접을 우리는 받고 있다. 원하는 곳을 단돈 1,500원만 있으면 이동할 수 있다. 더운 날은 시원하게, 추운 날은 따뜻하게, 집 앞에서 몇 걸음 걷지 않고 원하는 목적지에 도달한다.

원래부터 그랬던 건 없다

'엄마가 밥을 차려주는 것.'

'아빠가 돈을 벌어다 주는 것.'

'학교에서 선생님이 공부를 가르쳐주는 것.'

이 모든 것이 원래부터 당연한 일이었을까? 꼬박꼬박 식사를 챙겨주는 엄마를 만나지 못할 수도 있었다. 아빠가 직장을 잃어서 돈이 없을 수도 있었다. 아프리카 난민에게는 학교를 가는 것도 불가능한 일이 된다. 세상에 원래부터 있던 것은 없다. 그러나 태어날 때부터 눈앞에 있었기 때문에 당연한 듯 그 존재에 대해 감사할 줄 모른다.

얼마 전에 난생처음 식기세척기와 로봇청소기를 구입했다. 그 이후 '열 이모님 안 부럽다'라는 말을 실감하며 행복감에 젖어 산다. 가사노동이 줄어드니 시간이 남아 고맙기 그지없다. 그래서 식기세척기는 '효순이', 로봇청소기는 '심청이'라고 이름까지 지어주었다.

여기서 잠시 생각해 보자. 아이가 어른이 되어도 과연 식기세척기와 로봇청소기가 고마울까? 몇 년 뒤엔 텔레비전, 선풍기처럼 모든 집에 있는 흔한 가전제품 중 하나일 수 있다. 미래에는 효순이와 심청이로 인해 행복하거나 고마움을 느끼지 않을 것이다. 우리가 지금 TV와 세탁기에 크게 고마워하지 않는 것처럼.

감사의 순간을 놓치지 않는다

"사주셔서 감사합니다."

우리 집에서 가장 많이 하는 인사는 "감사합니다"이다. 600원짜리 아이스크림을 사주면 포장지를 뜯기도 전 감사 인사가 곧장 따라온다. 비단 물질에 대한 것만은 아니다. 좋은 볼거리나 체험을 한 후 돌아오는 차 안에서 아이들은 우리 등에 대고 감사 인사를 한다.

"좋은 걸 보게 해주셔서 감사합니다."

우리 부부는 아이들에게 어릴 적부터 감사함의 중요성

을 가르쳤다. 그리고 《명심보감》 필사를 할 때도 부모에게 감사하는 마음을 가져야 한다는 효의 덕목을 강조했다. 그 결과 우리 아이들은 작은 것에도 감사할 줄 아는 사람으로 자라나게 되었다.

저녁 밥상 앞에서 감사하기

우리의 삶은 마치 땅 위를 기어다니는 수많은 개미와 닮아 있다. 이른 아침, 일개미들은 안전한 개미굴을 나와 계획된 일정을 시작한다. 하루 종일 이리저리 먹이를 찾아다니고, 겨우 구한 먹이를 개미굴로 옮긴다. 안전하게 개미굴로 돌아오면 다행이지만, 먹이를 찾다 위험한 상황에 맞닥뜨리기 일쑤다. 사람의 발과 자동차에 밟혀 갑작스럽게 목숨을 잃기도 한다.

오늘도 아침에 헤어진 가족이 모두 무사히 돌아왔다. 함께 저녁 식사를 할 수 있다는 것 자체만으로도 기적이다. 한자리에 모여 감사한 마음으로 맞이하는 식사 시간, 우리 가족은 각자 '오늘 하루 감사한 일 3가지'를 이야기하곤 한다. 감사한 일을 말하다 보면, 자연스럽게 하루 일과도 알게 되어 대화의 마중물이 된다. 아이들은 부모가 밖에서 한 일이 궁금해 귀를 쫑긋 세우고, 부모는 아이의 마음을 제대로 알 수 있어 좋다.

"내가 먼저 손 들었어!"

항상 아이들은 자기가 먼저 '감사한 일'을 말하겠다고 다퉜다. 빨리 손 든 사람이 누구인지 모를 때는 가위바위보로 순서를 정할 정도였다. 아이들에게 '오늘 하루 감사한 일'을 말하는 것은 재미있고 부담 없어 보였다. 힘들게 싸워 먼저 쟁취한 감사 발언을 들어보면 참 환상적이었다.

"감사 인사를 할 수 있어 감사합니다."

"혀가 있어 맛있는 걸 느낄 수 있어서 감사합니다."

"아, 라고 말할 수 있어서 감사합니다."

어른인 남편과 나는 겉으로 보이는 감사를 찾는 일에 집중했다. 반면, 순수한 아이들은 세상 모든 것에 감사함을 느꼈다. 세상사가 늘 그렇듯, 감사하는 것도 노력이 필요하다. 그래도 가족과 왁자지껄 떠들며 신나게 노력하는 것은 가장 쉬운 일이 아닐까? 감사하는 일이 즐거운 추억이 되게 하자.

호된 질책 대신 어머니가 한 말

청록파 시인 박목월의 아들 박동규 교수가 6.25 전쟁 중에 겪었던 일이다. 당시 그는 초등학교 6학년이었고, 아버지 박목월은 남쪽에 있었다. 하는 수 없이 그는 5살짜리 여동생과 젖먹이 남동생 그리고 어머니와 피난길에 올랐다. 그가 어머니의 귀한 재봉틀과 바꾼 쌀자루를 메고 가던 중 어떤 청년이 다가와 말했다.

"무겁지? 같이 가는 길까지만 들어줄게."

순진했던 그는 고마워하며 쌀자루를 맡겼다. 그런데 청년이 점점 빨리 걷기 시작했다.

"형, 이제 그만 쌀자루를 주세요."

그가 말했지만, 청년은 이를 무시한 채 더 빠르게 걸었다. 급기야 갈림길이 나타나자 그는 어쩔 줄 몰랐다. 청년을 쫓아가자니 어린 동생들을 데리고 오는 어머니를 잃어버릴 것 같았다. 결국 그는 자리에 앉아서 펑펑 울고 말았다. 1시간쯤 뒤에 만난 어머니는 사정을 듣고 얼굴이 노래졌다. 그러나 생명과 같은 쌀자루를 잃어버린 아들을 껴안고 이렇게 말했다.

"내 아들이 영리하고 똑똑해서 어미를 잃지 않은 거야. 참 다행이다. 고맙다, 내 아들아. 자식을 버리지 않은 엄마가 되게 해줘서 고맙다."

전 재산을 잃은 상실감 앞에서 오히려 아이를 달래는 부모. 호된 실책 대신 감사한 일부터 찾아낸 부모 밑에서 자란 아이가 어찌 잘못 클 수 있겠는가?

똑같은 상황이라면 나는 아이에게 어떻게 말하고 행동할지 잠시 생각해 보자. 비난과 질책을 받은 아이는 평생 그날의 죄책감을 지고 살아갈 것이다. 반면에, 현명함을 칭찬받은 아이는 자신을 똑똑하다 여기고 더욱 그렇게 살아가고자 할 것이다. 때론 부모의 말 한마디가 아이의 운명을 바꾸는 계기가 된다.

장미를 부러워하지 않는
민들레

✦

이 세상에 잡초는 존재하지 않습니다.
들에서 자라는 모든 풀은 다 이름이 있고 생명이 있습니다.

- 강병화

내면이 단단해지는 연습

책을 쓰면서 나는 내면이 강한 아이로 키우는 방법들을 찾아보았다. 그런데 이거다 싶은 확실한 방법보다 아이 스스로 생각하여 내면을 키워야 한다는 내용이 주를 이뤘다.

'자기 주도 학습'은 부모에게 꿈의 단어다. 잔소리 하나 없이 착착 과제를 하고, 책을 읽는 일이 누구에게나 가능하지는 않다. 게다가 아이가 스스로 생각해 깨닫는 게 어디 쉬운 일이겠는가. 그럼 어떻게 해야 할까? 부모가 아이

내면의 어떤 부분이 취약한지 알아내는 것이 우선이다. 유독 상처받는 지점을 유심히 관찰해야 한다. 끈질긴 관찰이 이뤄지면 결국 원인을 찾아낼 수 있다. 그러면 아이 손을 잡고 실제 상황에서 부딪쳐 가며 계속 수정하고 반복한다. 입대 전 나약했던 청년들도 해병대, UDT 등 특수 훈련을 마친 후에는 강인한 정신력을 가진 사람으로 거듭난다. 그 비결은 단순하다. 바로 끝없이 반복하고, 끈질기게 노력하는 상황에 놓였기 때문이다.

"나를 무시하잖아요."

폭력적인 아이 B를 상담한 날, 아이가 가장 많이 언급한 단어는 '무시'였다. 특히 B는 주변 친구에게 제안 후 거절당할 때 자신을 무시하는 느낌이 든다고 말했다. B는 어릴 적부터 거절당할 때마다 속이 상해 끙끙 앓았다. 그리고 이제는 화가 치밀어 욕을 하거나 상대를 때린다고 했다. B는 스스로 별 볼 일 없는 사람이라 생각했다. 누군가 거절이라도 하면 '역시 난 가치가 없구나'라는 확신이 들었다. 그런 생각이 분노의 감정으로 번져버렸던 것이다.

아이의 내면이 단단해지려면 어떻게 해야 할까? 심리학

에서는 소소한 성취감이 자신감으로 이어지고, 나아가 자존감까지 커진다고 말한다. 크고 대단한 계획 대신 작게나마 실천할 수 있는 계획을 세워보자. 그리고 '계획한 목표대로 차근차근 하나씩 이뤄내는 경험'을 해본다. 예를 들면, 매일 아침 정해진 시간에 일어나 정해진 구간을 달려보는 것이다. 이처럼 작지만 보람찬 일들을 하다 보면 어느새 성취감이 솟아난다. 이때 부모가 도와줄 것이 하나 있다. 아이가 했던 일들을 차근차근 짚어가며 인정해 주는 일이다.

"오늘도 달리기 뛰고 왔어? 빠트리지 않고 열심히 하는 모습 멋지네. 엄마가 본받아야겠다."

아이가 목표를 위해 노력했던 과정을 따뜻하게 격려해 준다. 이때 분명 아이는 '나도 참 괜찮은 사람이구나'라는 생각이 들 것이다. 성취감이 쌓일수록 아이의 자존감이 높아지고, 자연스럽게 내면도 강한 사람으로 변하게 된다.

또 하나 추천하는 방법이 있다. 몇 년 전부터 우리 아이에게 일기 마지막 한 줄에 '나에게 하는 말'을 쓰게 하고 있다. 그런데 아이가 쓸 말이 없는지 자주 등장하는 단골 문장 하나가 있다.

"나는 멋진 사람이다."

읽는 나도 느낌이 좋아서 다른 걸로 바꿔 쓰라는 말은 하지 않는다. 자신이 먼저 멋진 사람으로 믿어야 진짜 멋져지지 않을까? 부모도 아이에게 자주 말해주자.

"너는 참 멋진 사람이야!"

나를 먼저 사랑한다면

유독 혼자 하는 것을 싫어하는 아이들이 있다. 학교나 학원을 오갈 때 혼자서는 가기 싫어한다. 심지어 화장실을 갈 때도 누군가와 함께 가기를 바란다. 특별한 문제가 있는 것은 아니다. 그저 혼자보단 여럿이 있을 때 안정감을 느낄 뿐이다. 이런 성향의 아이는 사람에게 상처받았을 때 자신을 돌보지 않는다. 또 다른 누군가가 나타나 자신의 마음을 알아주기만 바란다. 반창고를 찾고 약을 바르고 있어야 할 시간에 상처를 드러내놓고 마냥 기다리는 꼴이다. 가벼운 상처를 입었음에도 오랫동안 상처의 회복이 더디다. 이렇듯 타인과 함께해야만 비로소 안정과 행복을 느끼는 사람은 왜 그럴까? 혼자 있을 때 충만함을 느껴보지 못해서는 아닐까?

교통사고를 당해 허리가 아플 때 진통제를 먹으면 아픔이 사라진다. 이 진통제의 효과는 어디로 갈까? 바로 뇌로 간다. 허리는 고통을 느끼지 못한다. 사람의 뇌에는 전대상피질(ACC)이라는 영역이 있는데, 여기에서 고통을 느낀다고 한다.

인지심리학자 김경일 교수에 따르면, 우리 뇌는 실제 다쳤을 때와 사람에게 상처받았을 때의 고통을 구분하지 못한다고 한다. 우리가 다치지 않아도, 예를 들어 살점이 뜯기거나 뼈가 부러지지 않아도 다른 사람과 이별이나 갈등을 겪었을 때 그만큼의 고통을 느낀다는 것이다. 이를 토대로 사람 때문에 고통스러울 때 진통제를 먹으면 효과가 있다고 한다. 즉, 사람 때문에 힘들다는 것은 교통사고를 당해 피를 흘리는 때와 같은 상태라는 의미다. 이때 어떻게 대처해야 할까? 바로 나 자신을 정말 따뜻하게 대해 주어야 낫는다고 한다. 맛있는 것도 먹고, 잠도 푹 자며 스스로를 따스하게 보살펴 주어야 한다. 자연의 모든 것에는 쉼이 있다. 강한 햇볕이 내리쬐다가도 잠시 구름에 가려질 때가 있고, 바람이 불다가도 멈춰서 쉬어가는 때가 있다.

남의 사랑에 고파하지 말고, 내 안의 소리를 듣고 휴식을 취하며 나를 챙길 줄 알아야 한다. 내면이 단단한 아이는 남의 시선으로부터 자유롭다. 다른 사람이 관심을 주든 말든, 자신을 먼저 사랑할 줄 안다.

길가의 흔한 민들레라도 스스로를 온전히 사랑하는 마음으로 꼿꼿이 서 있다면 누군가에겐 그 자체만으로도 아름다워 보일 수 있다. 민들레가 사방에 널렸다는 이유로 아무도 거들떠보지 않는다 해도 상관없다. 모두가 화려한 장미꽃만 원해도, 스스로를 사랑하는 민들레는 미동조차 없다. 내 아이가 민들레 같은 아이였음 좋겠다.

✦

행복한 어른으로 자라날
우리 아이들을 위해

"도대체 저 사람은 왜 저렇게 됐을까?"

근무를 하며 이런 생각을 천 번, 만 번은 했다. 소위 금쪽이가 된 어른들의 세상을 만난 것이 이 책의 시발점이 되었다.

살인, 강도, 성폭력 등 강력범죄를 저질러 감옥에 가거나, 부모에게 몰상식한 짓을 하는 특수한 케이스는 여기서 다루지 않았다. 평범해 보이지만 진정한 행복을 찾기는커녕 언제 죽더라도 미련이 없는 어른들의 모습을 알리고 싶었다.

"죽고 싶으면 이 버튼을 누르세요."

스위스는 안락사 제도를 허용 중이며, 곧 직접 버튼을 눌러 사망하는 '안락사 캡슐'의 사용을 준비하고 있다. 아마 우리나라에 똑같은 제도가 있다면 많은 이가 연명치료 대신 고통 없는 죽음을 택하리라는 생각이 들었다. 몸이 아픈 것보다 견디기 힘든, 마음이 아픈 사람을 더 많이 보았기 때문이다.

부모의 '사랑'이란 명제 앞에 서서히 무너진 인성의 실체를 많이 목격했다. 물질의 결핍과 선택의 제약에 노출되어 본 적이 없는 아이. 그래서 어떻게 해야 만족스러운 삶을 살 수 있는지 고민해 본 적 없는 아이. 이런 아이들은 세상에 절대적인 것은 없음에도 불구하고 그 삶이 '옳다'고 여기며 살아간다. 이미 부모가 손에 쥐여준 세상이라 아쉬운 게 없다. 그러나 아이는 오랜 시간이 흐른 후 알고 있던 것이 다가 아니란 사실을 깨닫고 절규한다. 현실의 망치로 머리를 맞고 피눈물을 철철 흘린다. '옳지 않다'라는 사실을 애써 부정하려 든다. 곧 중년, 노년을 앞둔 늦은 깨달음은 속절없는 한탄만 토해낸다.

경찰 업무 중 수많은 이들을 지켜보며 감정을 대리 체험하고 느꼈다. 그들의 삶은 마치 주말 낮, 영화 소개 프로그램에 나오는 슬픈 영화의 '미리 보기'들 같다고나 할까? 불행하게 자란 어른이 다시 자신의 아이를 불행하게 만드는 모습, 아동학대, 가정폭력, 자살…. 정처 없이 헤매는 어른의 모습은 검은 봉지를 얼굴에 뒤집어쓰고 '숨이 막힌다' '앞이 깜깜하다'라고 외치는 듯 보였다. 빨리 검은 봉지를 벗어던져야 하는데, 오래전부터 쓰고 있던 봉지를 찢어버릴 방법을 모른다. 참 슬픈 일이다.

부모의 인성교육 최종 도착지는 자녀의 성공이 아니라 행복이다. 부모 없이도 행복하리라 믿어 의심치 않을 아이의 삶이어야 한다.

인생의 궁극적인 목표와 방향성을 끊임없이 고민하며 아이를 바라보길 바란다. 부모라면 응당 그래야 한다. 수박 겉핥기가 아닌 진지하게 인성교육에 임한 아이라면, 나중에 검은 봉지를 쓰고 괴로워할 일은 없으리라 확신한다. 주어진 삶을 소중히 여기며 감사하고 마음속 반짝이는 자신의 별을 찾아 살아갈 것이다.

연 강수량 15mm. 칠레의 아타카마 사막은 지구상에서 가장 건조한, 죽음의 사막으로 불린다. 2015년, 바닷물이 따뜻해지는 엘니뇨 현상으로 인해 이 사막에 12시간 동안 갑작스러운 폭우가 내렸다. 그러자 놀라운 일이 벌어졌다. 땅속에 말라 있던 꽃씨들이 꽃을 피운 것이다. 죽음의 사막에서 분홍색 꽃들이 만개한 진풍경이 연출됐다. 게다가 2022년에는 한술 더 떠 건조한 날씨 라니냐임에도 꽃을 피웠다고 한다.

설사 비가 내린다 해도 사막에 꽃이 피리라고는 누구도 예상치 못했을 것이다. 죽음의 땅에서도 피어나는 꽃. 강인하고 아름다운 생명력은 언제 나타날지 아무도 모른다.

이렇듯 자연은 종잡을 수 없다. 아이는 바로 그 자연의 산물이다. 그래서 계속 변화하고 바뀔 수 있는 가능성이 있다. 언젠가 아이에게 비를 흠뻑 부어줄 계기가 생길지 모른다. 혹은 아이가 스스로 물 없이 피어날지도 모른다.

이 책을 읽고 아이가 꽃으로 피어나기 위한 '인성의 씨앗'을 마음속에 잘 묻어주었으면 좋겠다. 그래서 언젠가 만개한 아이의 모습을 바라보며 환하게 웃는 부모이길 기대해 본다.

결국 해내는 아이들이 지키는 8가지 태도

정서 지능이 높은 아이는 흔들리지 않는다

초판 1쇄 발행 2024년 11월 20일

지은이   박경미
펴낸이   최현준

편집   홍지회, 강서윤
교정   김주연
디자인   김소영

펴낸곳   빌리버튼
출판등록   제 2016-000166호
주소   서울시 마포구 월드컵로 10길 28, 201호
전화   02-338-9271
팩스   02-338-9272
메일   contents@billybutton.co.kr

ISBN   979-11-92999-63-0(03370)